高島嘉右衛門による築堤（着色古写真）　1882（明治15）年頃
山本博士所蔵

波止場
（象の鼻）
横浜町
（関内）
日本大通り
県庁
本町
横浜公園
外国人居留地
元町
外国人居留地
（山手）
馬車道
尾上町
弁天橋
大江橋
横浜
停車場
吉田橋
伊勢佐木町
野毛町
大岡川
野毛山
吉田新田

明治初期の神奈川から横浜への道路と鉄道
「横浜実測図」内務省地理局（1881 年）に著者加筆

横浜停車場の行止り式ホームに到着した汽車　歌川広重（三代）
「横浜鉄道館蒸気車往返之図」（1873 年）横浜開港資料館所蔵

横浜停車場前のにぎわい　歌川国鶴（二代）
「横浜商館並ニ弁天橋図　横浜ステーション蒸気入車之図」（1874 年頃）
東京ガスネットワーク　ガスミュージアム所蔵

宿場を背景に神奈川の築堤を走る汽車
一曜斎国輝　「神奈川蒸気車鉄道之全図」
（1870 年）横浜市中央図書館所蔵

京濱電氣鐵道株式會社
電話
芝三〇一番
芝三〇二番
川崎四七番
池上本門寺
妙華園
八景園
菖蒲園
梅屋敷
森ケ崎鑛泉
穴守神社
羽田運動場
大師平間寺
海水浴場
海水浴場
六郷川
東京電車
品川
南馬場
海岸
大森
山谷
蒲田
穴守
大師

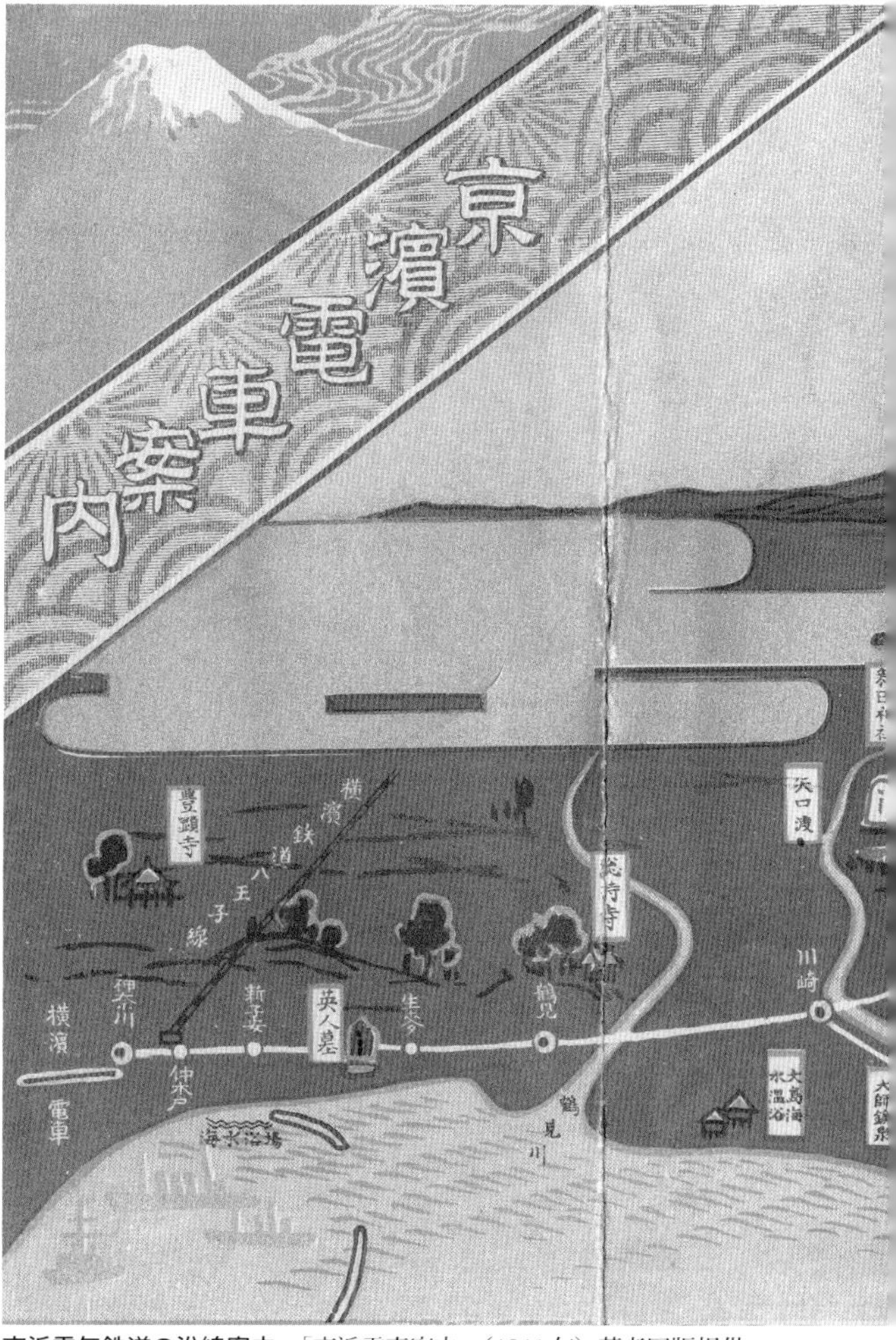

京浜電気鉄道の沿線案内　「京浜電車案内」（1911 年）著者図版提供（石黒徹旧蔵）

1 神奈川驛前
2 月見橋
3 横濱驛前
4 戸部線驛前
5 桜木町院線電車マヘ
6 馬車道カネノハシ
7 市役町前
8 縣廰裏
9 英一番前
10 港橋
11 花園橋
12 吉濱橋
13 八幡橋終点
14 元町トンネル前
15 桜道下
16 千代崎町
17 箕輪下住宅地
18 十二天社前
19 本牧終点
20 藤棚停留所
21 久保山東光寺下
22 霞町赤門前
23 日本橋

横浜電気鉄道の沿線案内　「横浜電車案内」横浜電気鉄道（1920 年頃）
著者図版提供（長谷川弘和旧蔵）

「横浜市内電車案内」
p 8-9 の表紙

馬車道付近を走る路面電車（絵葉書） 1910（明治 43）年頃 有隣堂所蔵

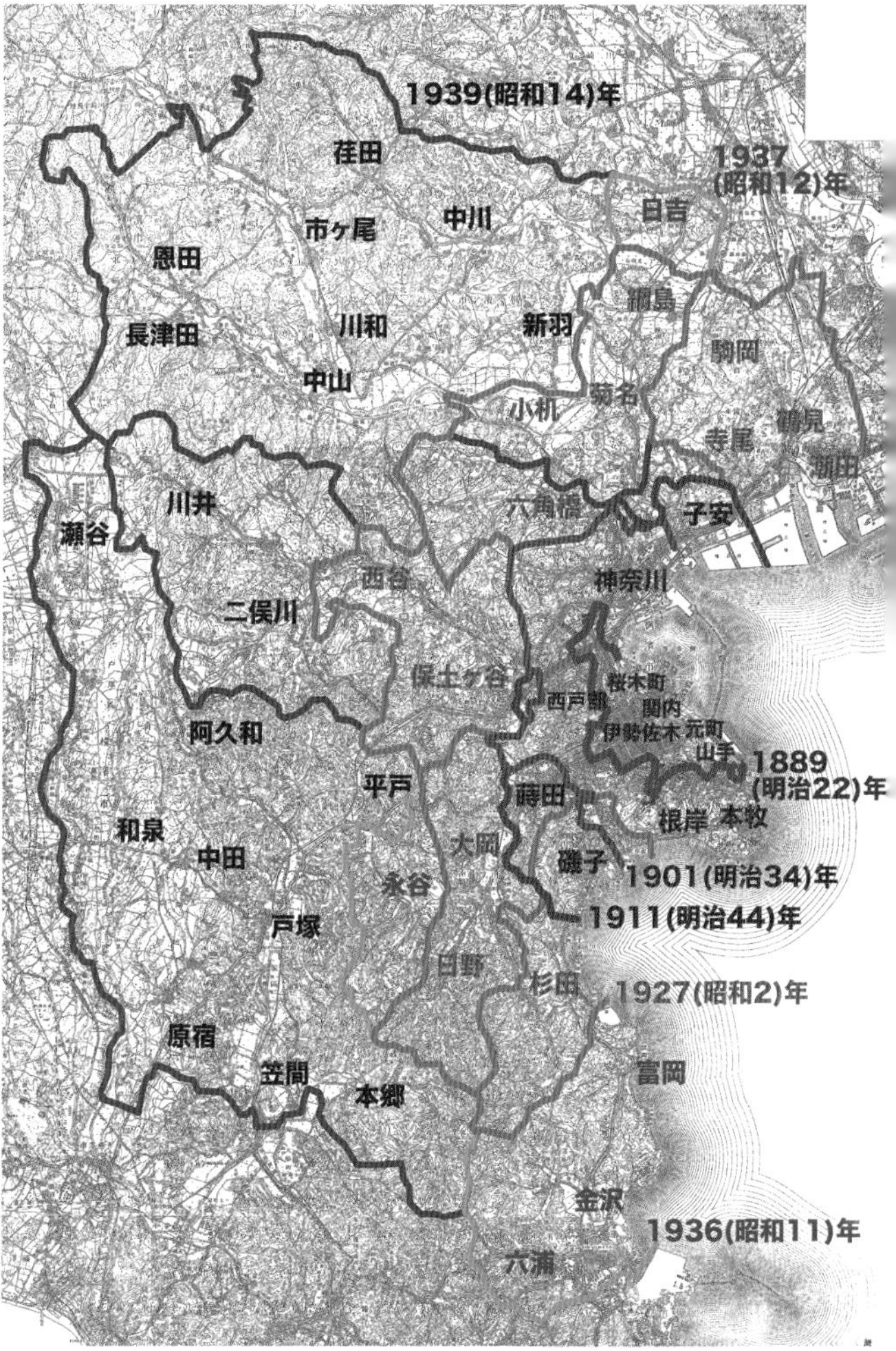

横浜市域の拡張年　５万分1地形図「横浜」（1951年）をもとに著者作図

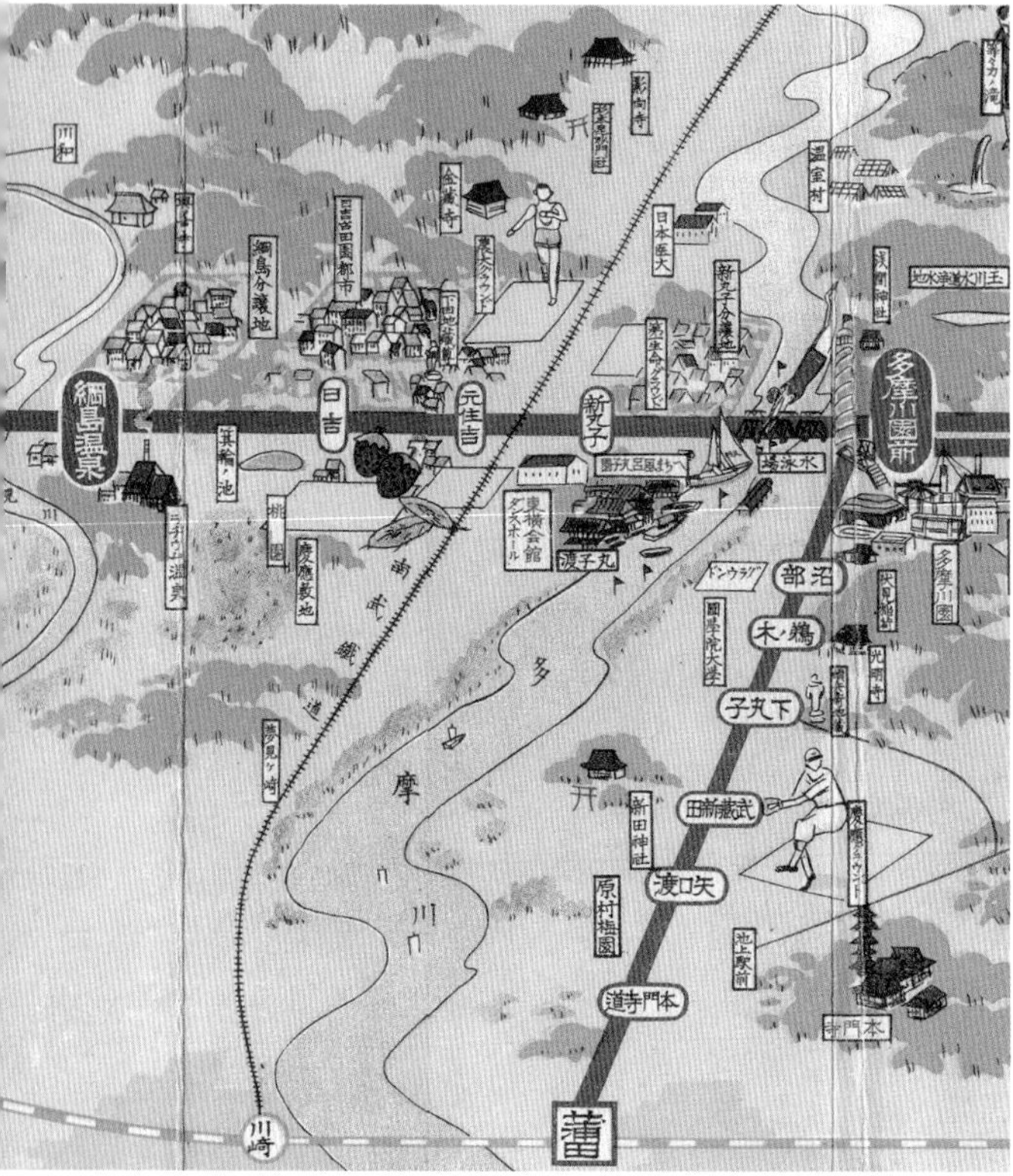

川和
影向寺
金蔵寺
日吉台田園都市
綱島分譲地
綱島温泉
日吉
元住吉
新丸子
日本医大
新丸子分譲地
温室村
浅間神社
玉川水道浄水池
多摩川園前
水泳場
丸子渡
東横会館
ダンスホール
蓑輪ノ池
桃園
慶應敷地
夢見ヶ崎
南武鐵道
多摩川
沼部
鵜ノ木
下丸子
武蔵新田
矢口渡
本門寺道
新田神社
原村梅園
池上駅前
本門寺
光明寺
多摩川園
川崎
蒲田

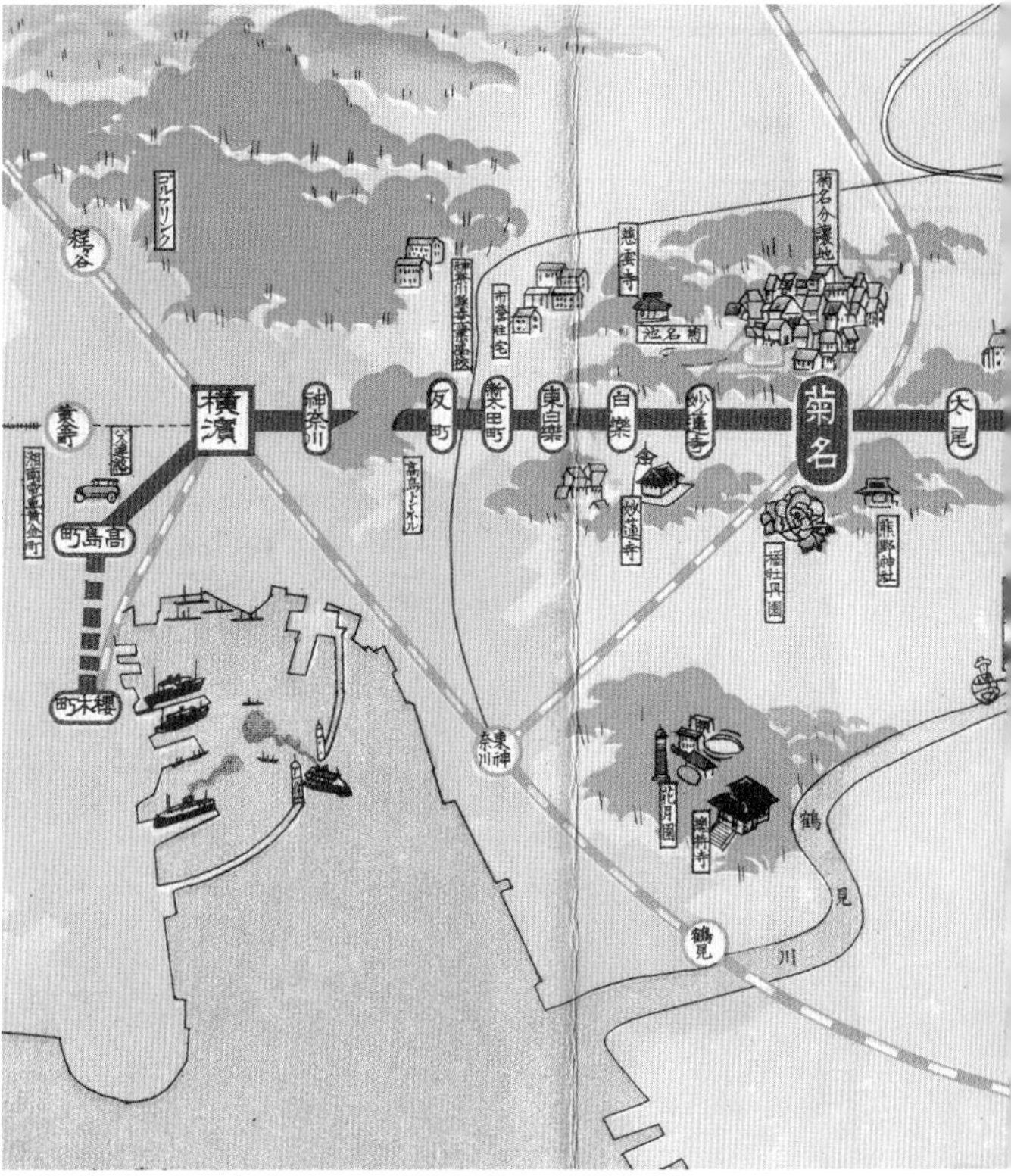

東京横浜電鉄の沿線案内図　「沿線案内　目蒲電車・東横電車」(1931年頃)
横浜都市発展記念館所蔵　＊横浜側の半分

至渋谷
至品川
東京横浜電鉄
京浜電気鉄道
神奈川
(廃止)
横浜(3代)
横浜(2代)
(高島町)
桜木町
日ノ出町
黄金町
(長者町)
開業路線
未完線の免許路線
(予定変更・建設中止)
申請却下された路線
0
1km

私鉄の横浜市内乗り入れ計画ルート
5万分1地形図「横浜」(1922年)
をもとに著者作図
※橙色太線は関東大震災以前に
あった省線の延長予定線

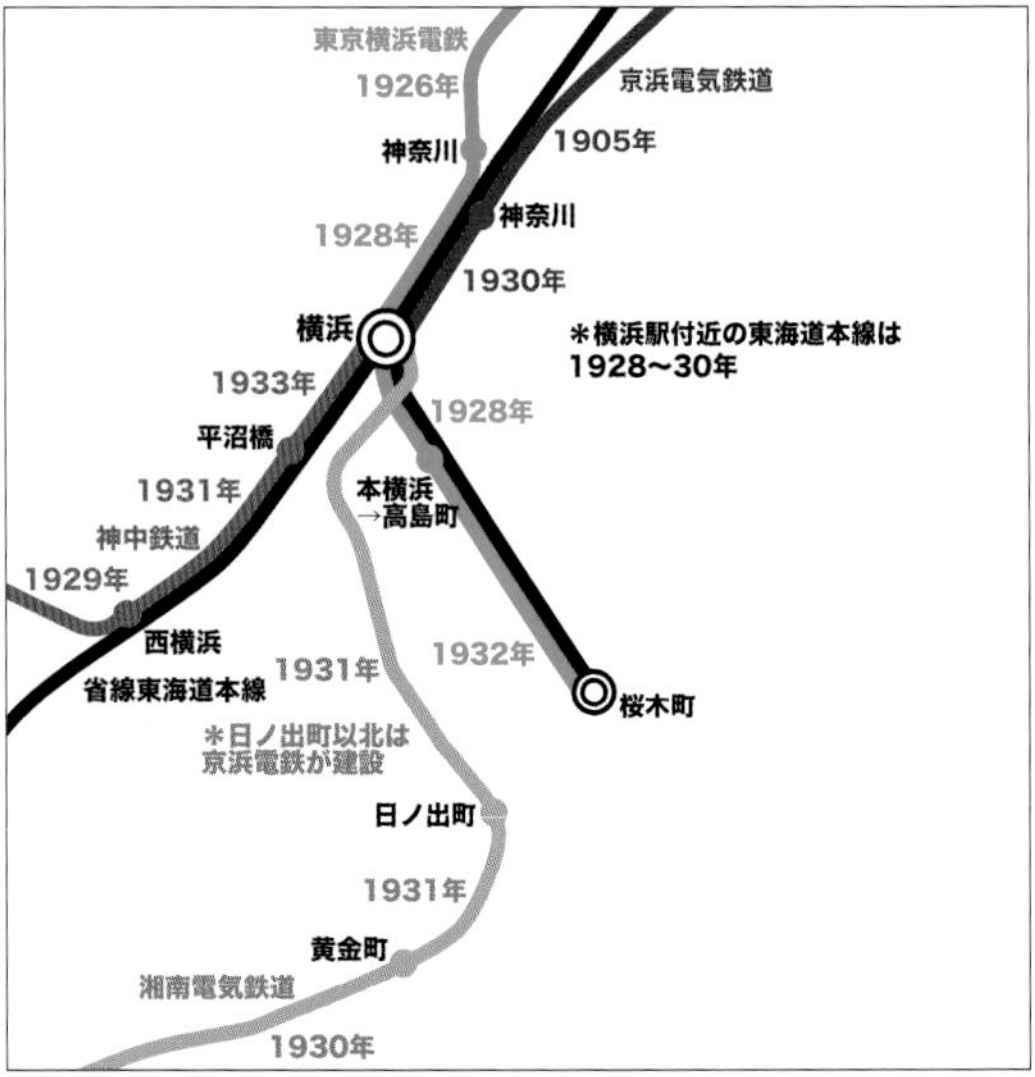

鉄道路線の横浜駅への乗り入れ
（上／戦前・下／戦後。数字は開通年）　著者作図

横浜 鉄道と都市の150年

岡田　直著　有隣堂発行　有隣新書——87

初代横浜駅（絵葉書）　1910年頃　有隣堂所蔵

【目　次】

序章　鉄道開業の前史

■横浜と鉄道との因縁

世界の鉄道の始まりは、産業革命を最初に達成した十九世紀前半のイギリスからである。北東部の河港のストックトンと、周辺に炭鉱を抱えるダーリントンとの間に鉄製のレールが敷かれ、一八二五年、その上を蒸気機関車が貨車と客車をけん引し走った。次いでアメリカで一八三〇年、フランスでは一八三二年、そしてドイツでは一八三五年に、それぞれ鉄道が誕生する。

そもそも鉄道とは、鉄製のレールの上を、蒸気や電気などから動力を得て走行する車両と、その車両が走行するための施設やシステムの全体を指している。日本語の「鉄道」は、英語のrailway（イギリス）やrailroad（アメリカ）の訳語である。

日本では、欧米からおよそ半世紀遅れて鉄道が誕生することになる。ただし、それ以前から、オランダを通じて徳川幕府の一部の役人には、その存在が知られていた。いわゆる鎖国の時代もオランダとの貿易は長崎において続けられ、埋立地の出島にあったオランダ商館より、海外の事情をまとめた『オランダ風説書《ふうせつがき》』、十九世紀にはより詳しい『別段風説書』が幕府に定期的に提出された。原田勝正によると、弘化期（一八四四〜四八年）には鉄道に関する記述が初見されるという。また、一八五四（嘉永七）年に出版された『遠西奇器述《えんせいききじゅつ》』など、蘭学者たちによって翻訳され出版されたオランダの技術書を通じ、蒸気機関車のメカニズムが一部の知識人には理解されていたようである。

そして、明治時代になって横浜は、日本の鉄道の発祥地となるのだが、実は開港以前の幕末より、鉄道と縁のある土地でもあった。

というのは、いわゆる黒船来航の翌一八五四年、二度目の来航を果たしたアメリカのマシュー・ペリー提督は、条約締結の会見場所として武蔵国久良岐郡の横浜村を指定した。その際、ペリーが持参した徳川将軍家への献上品の中に、約四分の一サイズの蒸気機関車の模型があったのである。模型といっても玩具ではなく、実際に蒸気で動くひな型であり、会見前の横浜村で、模型のレールを敷き、機関車に炭水車と客車をつなげて、その運転の実演を行ってみせた。

もっとも、日本人が実際に蒸気で動く機関車（模型）を国内で初めて見たのは、その前年のことで、長崎の沖に停泊していたロシアの軍艦の上だった。一八五三（嘉永六）年、海軍のE・V・プチャーチンの率いる艦隊が開国を求めて来航していた。その影響を受け、数年後に長崎に近い佐賀藩では、技術者である藩士らが、藩主・鍋島直正の許可の下、自力で機関車の模型

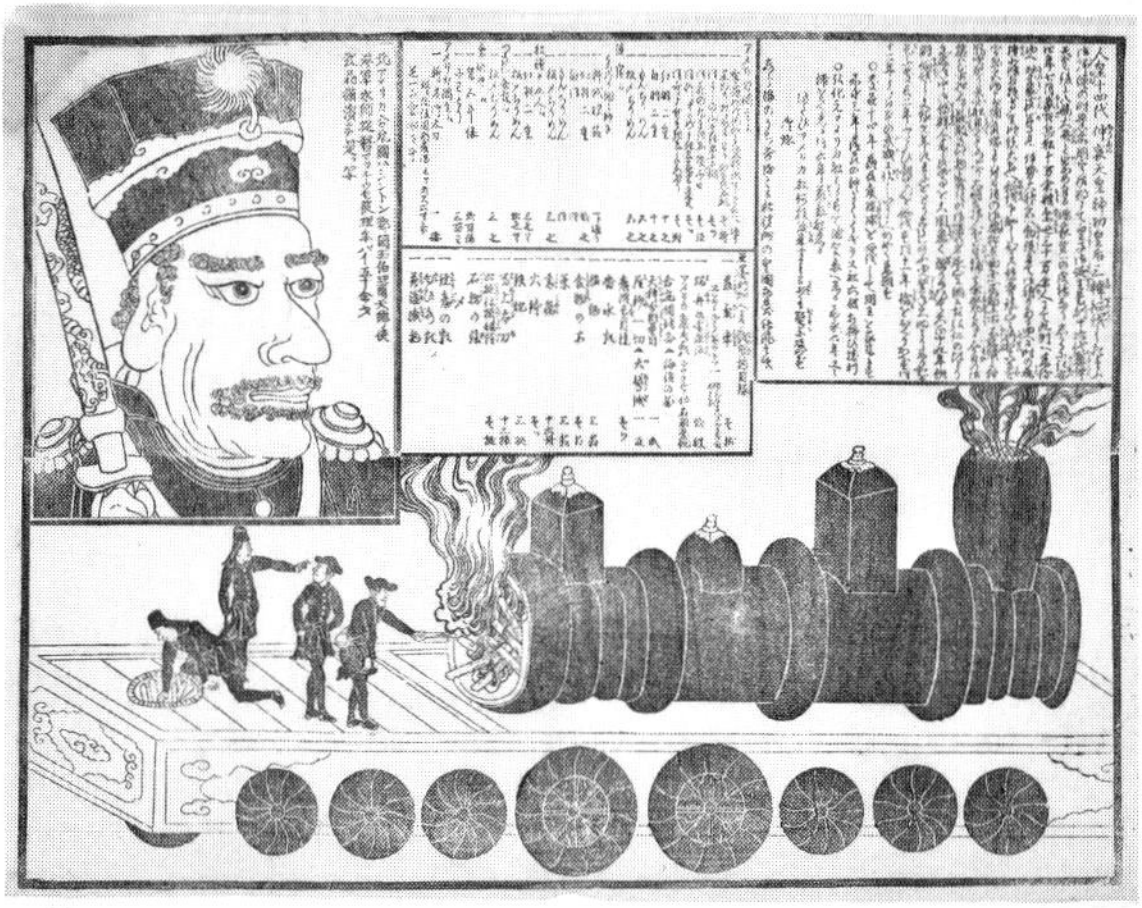

ペリーと蒸気機関車を描いた瓦版　1854 年頃　横浜開港資料館所蔵

の製作を試みている。

よって、横浜村での日本人と鉄道（模型）との遭遇が国内最古というわけではない。だが、その衝撃は大きく、現場にいた複数の日本人がその様子を絵や日記に残している。上野国出身の学者の堀口貞明が編纂した絵巻「米艦渡来紀念図」はその代表で、ここには機関車の模型の他、電信機や農具などの献上品をはじめ、蒸気船や武器、楽器など、アメリカ人のさまざまな携行物が描かれている。

そして、同年頃に発行された複数の瓦版で、ペリーの肖像とともに機関車が、決して正確な形状ではないが、大きく取り上げられるなどした。瓦版はニュース速報を掲載した当時の印刷物で、ペリーの来航そのものに劣らぬほど、機関車に対する驚きが小さくなかったことがわかる。ただし、この機関車の模型は江戸城の火事で焼失したという。

■江戸と横浜の鉄道建設の企て

横浜はその後、一八五九（安政六）年、長崎、函館に次いで諸外国に向けて港が開かれた。外国人や外国の事物が流入するようになると、国内に鉄道を建設しようとする構想もいくつか現れる。

薩摩藩の五代友厚を中心に、京都と大坂を結ぼうとする日本人による構想もあったが、江戸と横浜を鉄道で結ぼうとする構想は、外国人によって複数が提案された。そのうち実際に許可が下されたのは、アメリカ外交官のアントン・ポートマンによるものだが、それは一八六八年一月（旧暦：慶応三年十二月）、大政奉還と王政復古の後に旧幕府の老中から許可を得たものだった。

明治時代になると、これら新政府の関知しないところで生まれた諸構想は、いずれも却下、無効とされ、外国人による鉄道建設を契機とした植民地化の危機は回避される。そして、貿易港として発展した横浜には、すぐに日本人の手により、本物の蒸気機関車が走り始めるのである。

第一章　横浜停車場（桜木町）の時代

平沼駅付近を走る汽車（絵葉書）　1910年頃
横浜開港資料館所蔵

（一）　新橋・横浜間の鉄道創業

■明治政府の鉄道計画

明治維新の後、新政府は一八六九年十二月（旧暦：明治二年十一月）、新たな首都となった東京と、旧来の主要都市である京都・大阪とを結ぶ、国土の軸となる鉄道の建設を決定する。そこには開港場の横浜や神戸、日本海側の敦賀《つるが》港に伸びる支線も含まれていた。鉄道の建設を推進する中心となった人物は、佐賀藩出身の大隈重信や長州藩出身の伊藤博文、井上勝らだった。大隈、伊藤は早くから産業の振興を重視し、後に総理大臣を務める人物であり、井上は鉄道官僚として尽力し、「日本の鉄道の父」と賞されている。

決定した鉄道建設は巨大な国家プロジェクトであり、巨額の資金を必要とする。まずは東京と横浜を結ぶ、短距離の路線の建設から着手された。六郷川（多摩川）に架橋が必要だが、土地は比較的に平坦で、工事が容易だったからである。先述の通り江戸と横浜の間には、アメリカ人が鉄道の建設を企て幕府の許可まで得ていたが、維新後それは無効とされた。

明治政府は鉄道を建設するにあたって、駐日公使のハリー・パークスを通じ、イギリスから技術の援助や資金の融通を受けた。工事の指揮を執ったのは、一八七〇年四月（旧暦：明治三年三月）に来日し、建築師長に就任したイギリス人技師のエドモンド・モレルである。モレルは翌年、日本の鉄道開業を前に死去するが、その功績は高く評価され、横浜外国人墓地にある彼の墓所は後世において鉄道記念物に指定される。

そして、モレルが着任して早々に、線路用地の測量と整備が六郷川を境に東京側と横浜側で、それぞれ四月および五月（旧暦：三月および四月）から始められた。

新橋～横浜間の鉄道ルート　20万分1編輯図「東京」（1888年）をもとに著者作図。【　】は仮開業当初の停車場

■開港場横浜への鉄道建設

それでは東京から横浜に向かって、建設に着手した鉄道のルートをたどっていこう。

起点となる新橋停車場は、仙台藩や会津藩の藩邸があった汐留（後の東京市芝区汐留）の地に設けられた。停車場は後年に汐留貨物駅となる。新橋は汐留川にかかる東海道の橋の名で、ここから江戸の既成市街地を縫って線路が敷設される。

芝を過ぎ、高輪の付近では、武蔵野台地が東京湾に迫っているため低平地が狭く、また、薩摩藩の藩邸跡地等を活用した軍用地が広がっていたため、線路用地の取得が困難だった。西郷隆盛ら薩摩藩の出身者や軍部が鉄道建設に消極的だったことも関係するとされる。そこで海岸沿いに幅約6ｍの築堤を設け、そこにレールを敷設することになった。これが近年、発掘されて話題の、いわゆる高輪築堤である。

　築堤の区間が終わると、新橋の次の停車場が設置された。八ツ山や御殿山の手前であり、所在の地名は高輪（後の東京市芝区高輪）だったが、そのすぐ南にあって江戸の入口として栄えた品川宿にちなんで、品川停車場と名付けられた。停車場の先で道路橋の八ツ山橋（東海道）をくぐった後、その先のルートは東海道の山側に直線的に設定された。途中に停車場はなく、六郷川を木造の橋りょうで渡ると、やはり川崎の宿場に対応して、川崎停車場が置かれた（所在地は橘樹郡の後の川崎町砂子《いさご》）。その次の鶴見停車場は途中の停車場で唯一、宿場に対応したものではなかったが、鶴見川の水運との接続を重視したのであろうか、最も小さな規模で直前になって鶴見村（後の生見尾《うみお》村鶴見）に設置された。

　そして、神奈川宿（橘樹郡）で東海道が青木橋によって再び鉄道の線路をまたぎ、その青木橋の脇に神奈川停車場が置かれた。ただし、厳密にはそこは埋立地で、その正式な所在地名は、郡境を越えた久良岐《くらき》郡横浜町高島町（後の横浜市高島町）である。

　なお、「駅」が鉄道の乗降場を指す用語となるのは、市制・町村制が施行された一八八九（明治二十二）年より後のことである。明治初年には、旧来の宿場町を示す地域区分の単位として「駅」が使われている。例えば品川や川崎、神奈川の宿場町を指して、荏原郡品川駅や橘樹郡川崎駅、同郡神奈川駅と表記した。

一方、鉄道の乗降場は主に「停車場」と呼ばれ、他に「ステーション」や「ステン所」といった呼び方もあった。市制・町村制以後、「停車場」と同意で「駅」が併用され、後の一九二一（大正十）年、「国有鉄道建設規程」において明確に定義され、用語が整理される。駅は「列車ヲ停止シ旅客又ハ荷物ヲ取扱ウ為設ケラレタル場所」とされ、駅と操車場（「列車ノ組成又ハ車両ノ入換ヲ為ス為設ケラレタル場所」）、および信号場（「列車ノ停止、行違又ハ待避ヲ為ス為設ケラレタル場所」）の三つをあわせて、停車場と定められた。

■神奈川の築堤と野毛浦の埋立地

神奈川から線路は東海道を離れ、新興都市である横浜の開港場へ向かう。神奈川と横浜の間には袖ヶ浦とも呼ばれる内湾（入江）が広がっており、距離を短縮するため、ここでも海面に埋立地（築堤）を設けて線路用地とした。神奈川停車場の予定地付近から石崎川の河口（現在の高島町交差点付近）まで、内湾を横切る弓状の突堤を築造する工事を、採算を度外視して請け負ったのが、実業家の高島嘉右衛門である。高島は大隈重信らに鉄道の有用性を強く主張していた。

高島による神奈川の築堤は、高輪よりも相当に規模が大きく、長さは約1400m（七七〇間）で、幅は当初求められたのが約64m（三十五間）だったが、最終的に拡張が許されて約113m（六十二間）になる。期限の一八七一年三月（旧暦：明治四年二月）までに、鉄道用地と道路（国道）用地をまず竣工して献上した。残りの部分は高島の私有地とすることが許され、そこには彼の功績にちなんで、「高島町」という地名が付された。（口絵P1、2—3参照）

土地はやがて分割や譲渡がなされ、市街地が形成されていく。ちなみに、明治・大正時代には高島町の土地の多くを旧佐賀藩主の鍋島家が所有している。経緯は不明だが、高島嘉右衛門が築堤を造る際、鍋島家から資金の融通を受けていたことが関係しているだろう。また、高島町の地名は、高島通などに改編された後、現在の高島（西区）という町名に受け継がれている。

高島の名は他に、高島台（神奈川区）という地名にも残されている。ここには高島嘉右衛門の別邸があり、望欣台《ぼうきんだい》と呼ばれたその高台から築堤の工事の進捗を眺めたという。ただし、高島による神奈川の築堤は、現在のＪＲ根岸線とほぼルートが重なるため、痕跡を見つけるのは難しい。

さて、石崎川から先の野毛浦の海岸では、横浜町人の内田清七らが一八六九（明治二）年頃に着手した埋立地を、一八七〇年六月（旧暦：明治三年五月）に神奈川県が買収し、それを線路用地にあてた。さらにその終点付近には、工部省鉄道寮（創業時の鉄道の管轄官庁）が一八七一（明治四）年に着工していたと考えられる埋立地が、増設されて連接している。これらは横浜停車場や鉄道官舎などの敷地となった。

野毛浦の埋立地は開港場の北西に面し、「桜木町」や「内田町」と名付けられる。停車場の所在地名は久良岐郡横浜町桜木町（後の横浜市桜木町）となった。つまり、当時の横浜停車場とは、現在の横浜駅のことではなく、後の桜木町駅および東横浜貨物駅のことである。

その駅舎は、アメリカ人の建築家R・P・ブリジェンスによって設計された。新橋停車場と同じデザインの木骨石造の二階建てで、正面の改札口のある平屋をはさんで二棟の建物が配置された。ただし、両方の二階同士の行き来が不便だったため、開業の翌年に渡り廊下が増築される。しかし、後の一八八四（明治十七）年に台風で吹き飛ばされてしまい、そのまま修復されることはなかった。

■開業した官設鉄道

品川から横浜までの工事が終わると、正式開業を四カ月後に控えた一八七二年六月十二日（旧暦:明治五年五月七日）、新橋停車場を外して、品川〜横浜間で試験的に仮開業が行われた。途中に停車場はまだないので、汽車はノンストップの三十五分で走った。七月（旧暦：六月）

には川崎、神奈川の停車場が加えられた。

仮開業にともない政府は『鉄道略則』を作成し、国民に鉄道の利用方法を知らしめた。そこにはまず「何人ニ不限鉄道ノ列車ニテ旅行セント欲スル者ハ先賃金ヲ払ヒ手形ヲ受取ルヘシ」とある。「賃金」は運賃、「手形」は切符のことである。また、「ステーショントハ列車ノ立場ニテ旅客ノ乗リ下リ荷物ノ積ミ下ロシヲ為ス所」という説明も付されている。すでに述べたとおり、後に「駅」と呼ばれることになる。

そして、新橋～品川間が竣工し、一八七二年十月十四日（旧暦：明治五年九月十二日）、日本で最初の鉄道が、東京の新橋停車場から横浜停車場まで開業する。同時に鶴見にも停車場が設置された。

開業当日、明治天皇をはじめ、西郷隆盛や板垣退助、大隈重信、井上勝ら政府の要人を乗せた記念の特別列車が、午前十時に新橋停車場を出発。大久保利通や伊藤博文は欧米を視察中につき、ここには名前がない。列車は十一時に横浜停車場に到着し、記念の式典が挙行された。天皇の勅語の後、外国公使や商人、横浜の市民などの代表が祝辞を述べた。

一行を乗せた列車は正午に横浜停車場を出発。午後一時に新橋停車場に帰着し、こちらでも式典が挙行された。同日はそれで終業し、翌日から一日も休むことなく、日本の鉄道の営業が始まる。翌一八七三（明治六）年九月には、貨物列車が運行を開始した。

蒸気機関車が八両の客車をけん引する旅客列車（汽車）は、新橋停車場から横浜停車場までを一日九往復(午前四往復、午後五往復)、所要時間五十三分で走った。旅客運賃は当初、上等(一等）一円十二銭五厘、中等（二等）七十五銭、下等（三等）三十七銭五厘で、翌々年に順に一円、六十銭、三十銭に整理された。一般に多くの人々が利用したのは下等（三等）である。青木栄一によると、一八七二（明治五）年の鉄道創業当初、各等の車両はいずれも中央通路式の座席配置だったが、翌々年に開業する大阪～神戸間で使用されるようになった下等の車両は、車内が複数の部屋に区分されていて、それぞれに扉が付いていた。旅客が乗車すると車掌が扉を閉め鍵をかけて回ったようである。

機関車十台と多数の客車、貨車など、車両は全てイギリス製で、詳細は不明だが、横浜にて陸揚げされた。当初、その運転は全てイギリス人に委ねられた。日本人の運転士が誕生するのは、開業から七年後のことという。

地面に敷かれた鉄製のレールもイギリスから輸入された。当時は断面が上下対称のI字型の双頭レールで、摩耗すると逆さにして利用することができた。しかし、実際にそうしたことは行われなかったようだ。双頭レールが敷かれたのは、一八八〇（明治十三）年七月に全通した大津～京都間が最後で、以後は平底型のレールに切り替えられた。不要となった双頭レールはその後、ホーム上屋《うわや》の支柱などに再利用されている。

一八七六（明治九）年六月には品川～川崎間に大森停車場が加えられる。また、線路の増設が進められ、一八八一（明治十四）年五月、新橋～横浜間の複線化が完了した。翌年三月には途中、品川と神奈川の停車場のみに停車する急行列車も設定された。

■吉田橋と桜木町

ところで、鉄道の開業以前、横浜への陸路は、東海道の神奈川宿と保土ヶ谷宿の中間で分岐して、戸部村や野毛山を抜けて吉田橋に達する、いわゆる「横浜道《よこはまみち》」が利用されていた。吉田橋は開港場の出入り口である。この橋などに一八七一（明治四）年まで設けられていた関所に由来して、水路に囲まれた外国人居留地を含む開港場を指し、「関内」という通称の地名が生まれた。（口絵P2―3参照）

横浜道には馬車や人力車が往来し、外国人による乗合馬車も走った。やがて石崎川の以南では、野毛山の切り通しの急な坂を避けて、野毛浦海岸に後に一部が鉄道用地となる埋立地（桜木町および内田町）が造成された。これが「馬車道」と称して車馬の通行に利用されるようになった（「馬車道」の呼称は、連続する関内の街路にも用いられ、鉄道開通後は関内の街路にのみ、その名を残している）。一八六九年六月（旧暦：明治二年五月）には、日本人による乗合馬車「成駒屋」も東京の築地居留地から東海道および横浜道、そして馬車道を利用して横浜の真砂《まさご》町（吉田橋の脇）まで営業を開始する。また、京浜間の交通は陸路だけでなく、一八六八年三月（旧暦：慶応四年二月）より蒸気船が定期運航を開始し、横浜（本町）と江戸（鉄砲洲《てっぽうず》）との間を約二時間で結んでいた。

だが、鉄道が開通すると、これらは役割を終えていく。横浜の出入り口も桜木町の停車場に移る。停車場前には大岡川を渡る弁天橋と大江橋が架けられ、それぞれの橋に接続する二本の街路が、停車場を基点に放射状に伸びるかたちになった。弁天橋から神奈川県庁や（象の鼻）波止場に至る本町通りと、大江橋から横浜公園に至る尾上町の通りである。

もっとも、横浜にいるイギリス副領事ロバートソンが、鉄道開通の前年に、公使のパークスへ送った報告書には、「江戸において停車場のためにあてられた土地はすばらしい。一方、横浜における停車場の土地は外国人居留地および商業街から少し離れているので、ずっと不便であるが、しかし結局、この停車場はおそらくいっそう便利な場所に移されるであろう」という記述がある（『横浜市史 第三巻上』）。「便利な場所」とは現在の関内駅か大さん橋の付近を想定していたのだろうか。

だが、他の場所への移転は行われず、そのような議論がなされた形跡も見あたらない。停車場の置かれた桜木町は、波止場や居留地からは離れていたが、陸の玄関として、市内の交通の拠点として横浜の重要な場所になっていく。

（二）東海道本線の建設とスイッチバック

■東西の幹線鉄道の建設

明治新政府にとって重要な課題は、東の東京と西の京都・大阪を結ぶ国土の大動脈に鉄道を建設することである。新橋～横浜間に加え、一八七四(明治七)年五月に開通した大阪～神戸間、一八七七（明治十）年二月に全通した京都～大阪～神戸間の官設鉄道は、政府が計画している東西の幹線鉄道の支線やその一部に過ぎなかった。

肝心の幹線鉄道の本線については、ルートが未定だったが、中山道沿いと東海道沿いの二つのルート案があった。新橋～横浜間の開通前から両者の比較調査が進められ、東海道沿いのルートの調査にあたった技術官僚の佐藤政養《まさやす》は一八七一（明治四）年、「東海道筋鉄道巡覧書」という報告書を残している。ここには横浜と藤沢の間において、東海道に密着して保土ヶ谷駅、戸塚駅を経由するよりも（駅は宿の意）、大岡川に沿って進み、日野村（現・港南区）、岩瀬村（後の大船町、現・鎌倉市）を経由する方が地形の起伏を避けられるとしている。ただし、最終的な結論は、そもそも東海道沿いではなく、中山道沿いのルートを是とするものだった。

しかし、西南戦争などの国内の政情不安や、インフレによる財政難などで、鉄道の建設計画は進展せず、ようやく一八八三（明治十六）年、中山道沿いのルートで東西の幹線鉄道の建設が決定した。そして、一八八七（明治二十）年一月までに、岐阜、大垣から関ヶ原、長浜（滋賀県）までの区間が開通を見る。一方、東京（上野）から高崎や前橋へは、官設ではないが、一八八四（明治十七）年に私設の日本鉄道によって線路の敷設が完成する（後の高崎線）。

だが、中部地方に広がる群馬・長野・岐阜県の山間部に線路を敷設することは、当時の技術では容易ではなく、想定外の経費と時間を要することが明らかになってくる。そこで政府は再びルートの検討を行い、一八八六（明治十九）年七月、岐阜県や滋賀県では建設済みの中山道沿いの線路を活かすも、関東・中部地方ではルートを変更し、東海道沿いに線路を敷くことが決定した。

つまり、当初は支線として開通した新橋〜横浜間が、幹線鉄道の本線の一部を構成することになった。横浜停車場から西へ線路を延ばすことになったのである。

この時に大岡川沿いや日野村経由のルートが再び着目されることはなかったようで、後で述べる通りすでに横浜駅が行止り式で開業済みのためか、自然に保土ヶ谷・戸塚経由となった。ただし、保土ヶ谷と戸塚の旧宿場の間は、武蔵と相模の国境にあたり、地形は険しく、旧東海道には権太坂などの難所があった。それでも、この頃には明治初年と違って、大津〜京都間の線路工事にて逢坂山トンネルを日本人の手で竣工させるなど、すでに経験を積んでいた。権太坂付近には、清水谷戸トンネル（約２１４ｍ）を掘削した。これは現在も使われる日本最古の現役のトンネルである。

■神奈川と横浜

東海道に沿って鉄道を敷設するとなると、横浜の町や港との接続がやっかいだった。それはそもそも、神奈川と横浜という二つの土地の位置関係に起因している。江戸時代まで東海道の主要な宿場としてにぎわったのは神奈川の町であり、もともと横浜とは、そこから内湾（入江）を隔てた奥地にある寒村の一つに過ぎなかった。

幕末の一八五八（安政五）年、徳川幕府はアメリカと、続いてオランダ、ロシア、イギリス、フランスと修好通商条約を締結する。いわゆる安政の五カ国条約で、函館、長崎、神奈川、新潟、兵庫の開港が盛り込まれた。うち神奈川は翌年の一八五九（安政六）年に開港するとされたが、実際に港が開かれて外国との貿易が開始されたのは横浜村だった。

日本人と外国人との接触を回避したい幕府は、交通の要地である神奈川に港を開くことを避けるため、「横浜村も神奈川の町の一部」と主張し強引に横浜に開港場を建設したと言われる。明治初期、武蔵国南部と相模国を管轄する県庁が、神奈川ではなく横浜に置かれるものの、その名を今日に至るまで「横浜県」とせず「神奈川県」と称しているのは、幕府の主張が浸透し、当時は「横浜」よりも「神奈川」の知名度が高く、「神奈川」の方が広汎な地名だったことに由来するからかもしれない。

もっとも、横浜村の洲干島《しゅうかんじま》と呼ばれる、砂嘴《さし》の地形が近代的な港湾に適していて、神奈川沖の海は遠浅でそれに適さなかったという理由もあった。砂嘴の内海側は浅いが、外洋側は海底が急峻で深度を確保することができるのである。

江戸時代の神奈川と横浜　伊能忠敬「武蔵神奈川相模馬入川城ヶ島」部分　出典:国土地理院ウェブサイト　(https://kochizu.gsi.go.jp/items/386)

いずれにせよ、横浜は東海道から外れて奥まった不便な立地であったゆえに、開港場に選ばれ、貿易・港湾都市として発展することになったのである。

■横浜より西進する東海道本線

一八八七（明治二十）年七月、横浜停車場から国府津までの線路が開通し、一八八九（明治二十二）年に静岡～浜松間（四月）や琵琶湖東岸の米原・草津付近（七月）の線路が開通したことで、東京の新橋と神戸を結ぶ幹線鉄道が

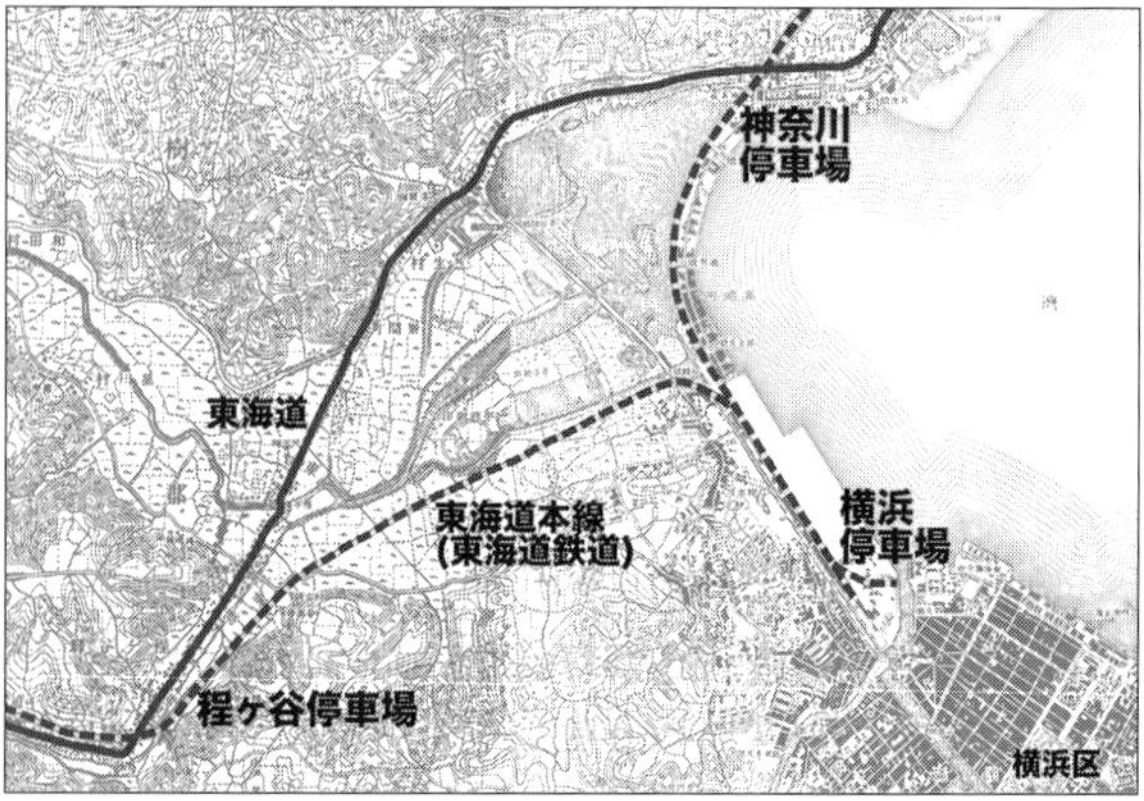

横浜付近の東海道本線ルート　2万分1迅速図「横浜区」(1882年) 他に著者加筆

全通した。当初は「東海道鉄道」などと呼ばれ、一九〇九（明治四十二）年に「東海道本線」の呼称が定められる。

後々に問題を残すことになったのは、神奈川・横浜付近の線路の配置である。すでに述べた通り神奈川に対して、横浜は東海道から外れた位置にあった。旧東海道に沿って敷かれている鉄道の線路が、横浜を経由するためには、神奈川と保土ヶ谷の間でいったん東海道から離れ、横浜に立ち寄るかたちにならざるを得ない。ちょうど「Y」の字の下端に横浜停車場が位置するかっこうである。

しかも横浜停車場は、新橋〜横浜間の鉄道の終点駅として頭端（行止り）式で設計されていた。ここが東海道本線の列車の始発・終着点であればよいが、大半の列車が東京から横浜以西へ直通する。列車は横浜停車場で五分間の停車時間を要し、機関車を付け替え方向転換をする必要が生じたのである（スイッチバック方式）。（口絵P４―５の右上図参照）

停車場の立地について、横浜と対照的なかたちになったのが大阪である。大阪停車場は、大阪～神戸間の鉄道が建設される段階で、当初は大阪の市街地に入り込んだ堂島付近に、横浜と同じく頭端式で設計される予定だった。しかし、京都～大阪間の鉄道もすでに計画されていたため、京都から神戸まで列車が方向転換せずに直通できるよう、あらかじめ通過（スルー）式の駅に設計が変更されたのである。その立地は市街地から北に離れた曾根崎村の梅田に改められた。それが現在の大阪駅の位置である。

■東海道本線の支線の横須賀線

なお、東海道本線の全通とともに、途中の大船停車場で分岐して横須賀とを結ぶ支線も開通する。後に「横須賀線」と呼ばれるこの路線は、三浦半島に拠点を置く軍部の要望によって急きょ、東海道本線建設のための国家予算の中で建設されることになった。

横須賀には一八八四（明治十七）年に海軍鎮守府、一八九五（明治二十八）年に陸軍の東京湾要塞司令部が置かれ、軍港都市としての発展が始まっていた。市制・町村制の施行時（一八八九年）は三浦郡横須賀町だったが、一九〇七（明治四十）年に神奈川県では横浜市に次いで市制を施行する。首都の東京と横須賀を結ぶには、横浜から東京湾岸を経由するのが最短ルートとなるが、予算の都合もあり、少しでも東海道本線との重複区間を長くしたかった。そこで戸塚〜藤沢駅間に分岐点として鎌倉郡の大船村（後の小坂村大船）を選定し、ここから横須賀へ向かう線路を敷くことになった。

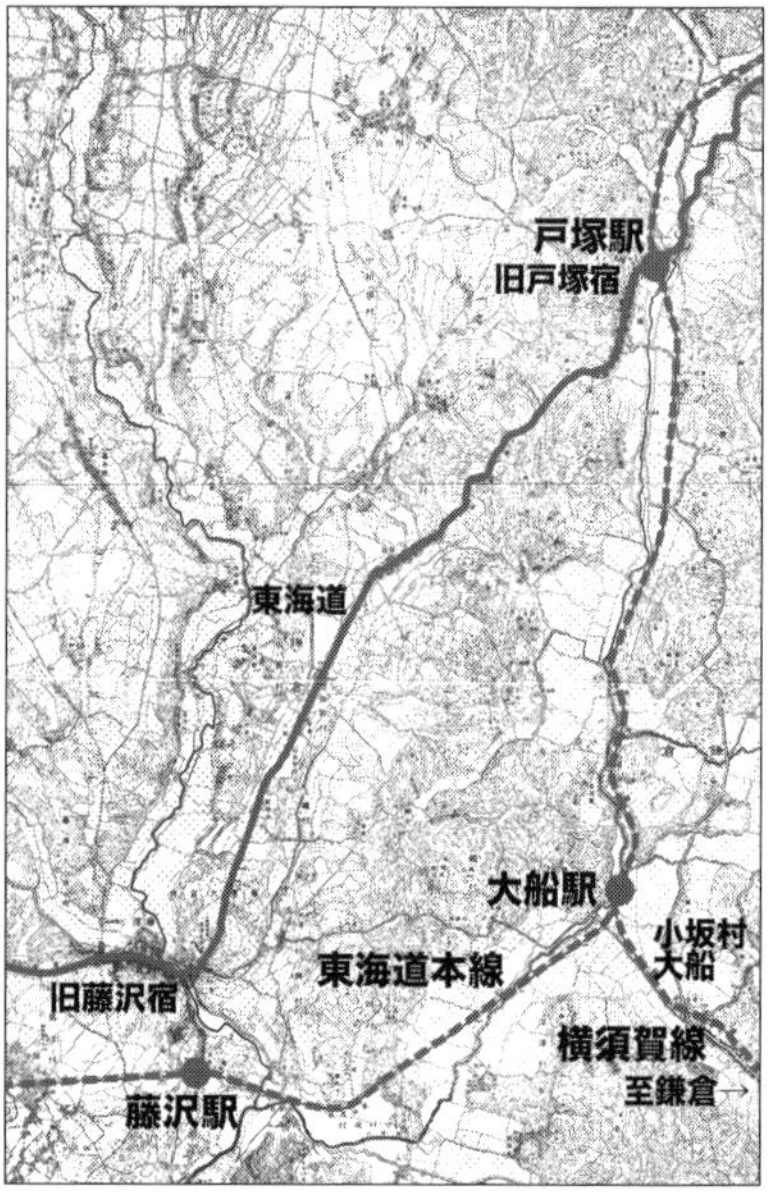

戸塚・大船・藤沢付近の鉄道ルート　2万分1地形図「戸塚」(1903年)・「藤沢」(1906年）に著者加筆

途中、鎌倉と逗子の停車場が設けられた。中世都市の鎌倉はすでに農村に帰していたが、江戸時代も名所であることに変わりなかった。それでも、鉄道の線路が円覚寺の境内を分断し、若宮大路を斜めに横切るなど、旧跡への配慮は乏しく、少しでも距離を短くして効率的に完成させようとしたことがうかがえる。

一八八八（明治二十一）年十一月にまず大船停車場を開設し、翌一八八九（明治二十二）年六月に大船〜横須賀間が開通した。横須賀の停車場は横須賀湾（軍港）の至近で、開業場所は逸見《へみ》村（後の横須賀町逸見）である。なお、陸軍はさらに観音崎までの延伸を求めていたが、それは実現しなかった。

ところで、このやや強引な横須賀線の建設は、東海道本線の藤沢停車場の立地にも影響を及ぼした。保土ケ谷と戸塚では、いずれも旧宿場の真ん中に停車場が置かれたが、藤沢地域では旧宿場の近くに停車場を置くことが地形上難しく、１㎞ほど離れてしまった。それは戸塚と藤沢の間で、分岐点の大船を経由しなければならず、東海道本線が旧東海道と丘陵で隔てられてしまったからである。

昭和初期の高座郡藤沢町では、「先祖が町を上げて鉄道の建設に反対し、駅を不便な場所に追いやった」という、いわゆる「鉄道忌避伝説」が生まれる。

■「横浜停車場問題」と平沼駅

一八八九（明治二十二）年に施行された市制・町村制で、同年、横浜市が成立。市域は桜木町や関内、伊勢佐木町、元町、山手（居留地）などの範囲だった。一八九九（明治三十二）年には外国人居留地が撤廃され、横浜市の山下町や山手町となる。神奈川の旧宿場町は橘樹郡神奈川町を構成したが、一九〇一（明治三十四）年、横浜市に編入された。（口絵Ｐ11参照）

また、横浜港では一八九四（明治二十七）年に鉄桟橋（大さん橋）が完成し、明治時代の後期には新港ふ頭（税関ふ頭）の建設を含む第二期の築港工事が始まった。大型の船舶の着岸を可能とし、それまでになかった鉄道と海運の連絡機能を備えた新港ふ頭は、一九一七（大正六）年に竣工する。

このように日本を代表する近代的な国際貿易・港湾都市となった横浜だが、陸上交通、つまり鉄道については、国土の主軸から外れる不遇の時代が訪れる。

そのきっかけは、一八九四年夏に始まった日清戦争だった。中国大陸へ兵員と物資を輸送するため、軍部は当時、東京から広島まで開通していた鉄道（神戸駅以西は私設の山陽鉄道）を十全に活用した。だが、横浜でのスイッチバックが時間の無駄となった。そこで、それを解消するため、同年八月、横浜駅を経由しない短絡線を神奈川〜程ケ谷（現・保土ケ谷）駅間に敷設する工事に着手し、翌月これを完成させたのである。

この線路はあくまで戦時の軍事輸送用だったが、日清戦争の終結後、東海道本線の複線区間を大船駅まで延長するのと同時に、短絡線を本線化する計画が浮上する。つまり、神奈川駅↓横浜駅↓程ケ谷駅と進むY字型ルートは、本線から外れ支線となるのである。

この計画に対して、横浜市では政財界をあげて激しく反対した。一八九六（明治二十九）年六月、横浜商業会議所（会頭は原善三郎）は「東海道官設鉄道複線工事着手並ニ線路変更ニ付

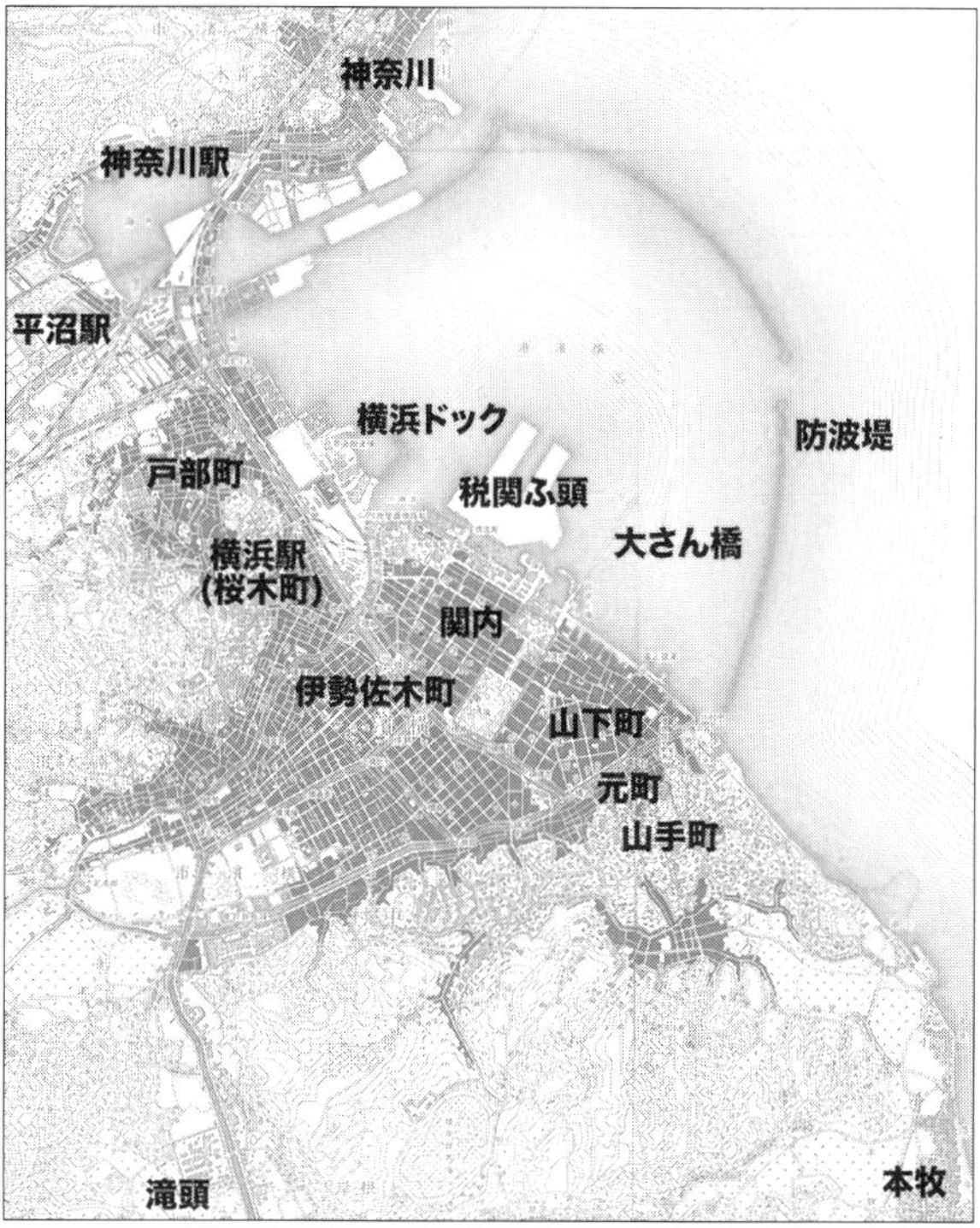

東海道本線と港湾都市・横浜　2万分1地形図「横浜」（1906年）に著者加筆

建議」書を、同年七月、横浜市会は「東海道官設鉄道線路変更に付意見書」を神奈川県と政府に提出し、ルートの見直し求めている。また、同月には「横浜停車場問題大演説会」が有志によって開かれた。商業会議所は同年十月にも陳情書を提出した。

国際貿易港を擁する横浜から、東京へはともかく、西日本へ向かう交通に障害の生じることが大きな論点となっている。貨物列車の発着は従来通りであり、決して鉄道が廃止されるわけではないが、本線の駅名から「横浜」の名が消える上、分岐点となる神奈川町は当時まだ横浜市内でなかったことが、市民や商人の危機感をあおった面もあるだろう。

しかし、これら政府への要望はかなわず、一八九八（明治三十一）年八月、新橋〜神奈川〜程ヶ谷〜大船駅間の複線化が完了し、同時に急行列車を含む東海道本線の長距離列車（神戸行など）は横浜駅を経由せず、神奈川〜程ヶ谷駅間の短絡線を走るようになった。支線の先にある横浜駅には、旅客列車は新橋発横浜行や国府津行など、ローカル列車のみが発着することになった。それでも運転本数は決して少なくなく、さらに程ヶ谷駅で神戸行などの列車に乗り換えができるよう、横浜〜程ヶ谷駅間の連絡列車もあった。

ただし、やはり横浜市民や商人の利便性を向上させるため、その三年後の一九〇一（明治三十四）年十月、短絡線上に平沼駅が開設された。一九一二（明治四十五）年六月に新橋〜下関駅間で運転を開始した日本最初の特別急行（特急）列車を含め、一日数本の運転だが、平沼駅には短絡線を走る全列車が停車した。一九〇七（明治四十）年に発行された民間の『旅行案内』に平沼駅は、「新橋、神戸間直通列車の寄る停車場にて横浜との連絡を専らにする駅なり」とある。

しかし、平沼駅の乗降客数は神奈川駅の半分、横浜駅の一割程度にしか達しなかった。その所在地は横浜市内の平沼町で、現在の相鉄の平沼橋駅付近だが、当時は横浜市街の縁にあたる場所だった。横浜港や中心市街地とを結ぶ道路や路面電車が未整備で、駅を利用する人はわずかだった。横浜の玄関駅としては非常に不便な立地だったのである。

■鉄道の誕生をめぐって⑴

ところで、文明開化と言われた時代、乗り物や建築、土木インフラ、食事や娯楽・スポーツなど、横浜には西洋の事物がいち早く伝来した。それらは人々の好奇の対象となり、多くの錦絵（浮世絵）に描かれた。「横浜浮世絵」と称されるそれらの中には、もちろん鉄道も含まれていた。

海の蒸気船に対して、「陸蒸《おかじょう》気《き》」と呼ばれ親しまれた蒸気機関車が、客車や貨車を引いて走る光景は、三代目歌川広重の作品を筆頭に、開業直前の一八七〇（明治三）年頃から直後の一八七五（同八）年頃に集中して描かれている。開業する前に、あるいは開業後でも実際に見ることなく、絵師の想像や伝聞によって描かれた可能性があるためか、車両の形状や色は必ず

しも正確でない。それでも、当時の人々の驚きと関心の高さを鮮明に伝えていると言えるだろう。（口絵P4―5参照）

開通から間もない時期より、鉄道が人々に多く利用されたことは、当時の人々の日記によって知ることができる。例えば、西川武臣によると、生麦村の関口家の日記には、鶴見や神奈川、品川の停車場から、横浜や東京での所用のため汽車に乗ったという記述が、開通したばかりの一八七二（明治五）年から散見されるという。

また、鶴見の旧家の当主である佐久間権蔵の日記には、一八八三（明治十六）年一月に「午前十一時二十三分鶴見発車ニテ」「横浜ニ臨賀ス」「叔父ト神奈川停車場迄同車ス」というような記述がある。他にも、知人宅の訪問など、日常生活での移動に鉄道を利用していたことがわかる記述がいくつも見られる。

なお、別の日には「品川（中略）ヲ辞シ、同駅ステーションより上車」とある。この「駅」とは旧宿場の町を指していて、つまり、品川の町のステーションより汽車に乗ったという意味である。他に「川崎駅」「神奈川駅」という表記が随所に見られるが、これらも鉄道の施設のことではない。汽車の乗降場は「停車場」「ステーション」と呼んでいることが興味深い。先に述べたように、「駅」が今日のように鉄道の施設を指すようになるのは、一八八九（明治二十二）年の市制・町村制の施行以降である。

■鉄道の誕生をめぐって(2)

さて、京浜間や京阪神間に鉄道が開業した当初、汽車の乗車時間は一時間程度だった。だが、東海道本線や日本鉄道、山陽鉄道などが開通すると、鉄道による移動の時間と距離は飛躍的に大きくなる。汽車の車内で半日から一昼夜を過ごすことになると、まず不可欠なのが食事である。

駅弁のはじまりについては諸説あるが、神奈川県では東海道本線の国府津駅にて一八八八（明治二十一）年、東華軒が販売したのが最初とされる。竹の皮に包んだおにぎりだった。次いで一八九八（明治三十一）年、大船駅にて大船軒が駅弁を販売した。大船軒の駅弁には翌年、サンドイッチが登場する。その後、明治から大正にかけて平沼駅（銀月軒）や横浜駅（崎陽軒《きようけん》）でも販売されるようになった。

食堂車は私設の山陽鉄道で一八九九（明治三十二）年に初めて連結された。官設鉄道ではその二年後、東海道本線の新橋〜神戸駅間の急行列車に連結されたのが最初だった（こう配が急な国府津〜沼津駅間では切り離した）。精養軒が運営を請け負った。当初は洋食のみだったが、やがて和食を提供する食堂車も現れ、普通列車を含む多くの長距離列車に食堂車が連結されるようになっていく。

鉄道による旅行が一般化すると、江戸時代の名所図絵や道中案内に類して、沿線の案内書や地誌書などの印刷物も充実した。作家の田山花袋《かたい》は地誌書を多く手がけ、一九〇七（明治四十）年には共著で『東海道線旅行図会』を出版した。新橋駅から神戸駅までの沿線を、ユニークなイラストマップと軽快な文章とで紹介している。横浜付近の頁には、神奈川駅と平沼駅、横浜の街と港が描かれているが、本線から外された横浜駅の姿はない。

「汽笛一声新橋を…」で始まる鉄道唱歌が発行されたのもこの時期で、一九〇〇（明治三十三）年のことである。『地理教育鉄道唱歌第一集 東海道』と題し、横浜付近では、「鶴見神奈川あとにしてゆけば横浜ステーション、湊を見れば百舟の煙は空をこがすまで」（五番）という歌詞が付けられた。すでに平沼短絡線が本線化されているが、こちらはまだ横浜駅が外されていない。歌は神戸駅まで続く。

（三）横浜港への輸送と横浜鉄道

■国有鉄道の路線網の充実

新橋～横浜駅間を皮切りに、東海道本線は官設の鉄道として建設されたが、国土の幹線となる鉄道路線をさらに整備する資金は政府になかった。そこでそれらの建設はまず資産家や実業家らの民間に任せられ、日本鉄道や山陽鉄道、九州鉄道、総武鉄道、関西鉄道など、私設鉄道として開業していくことになった。うち日本鉄道は、政府の要人の岩倉具視《ともみ》を中心に華族より出資を集め、後の高崎線や東北本線、山手線、常磐線など東日本の幹線を建設した。

だが、将来的に鉄道の運営は国家が担うべきとする考えは、鉄道官僚の井上勝ら政府内に根強く、一八九二（明治二十五）年に鉄道敷設法が制定された。ここでは後の中央本線や北陸本線、奥羽本線、山陰本線など、国土の幹線となる鉄道路線が今後、国家によって建設されることが示された。そして、一九〇六（明治三十九）年には鉄道国有法が制定され、国土の幹線を担う鉄道は国家の運営下に一元化されることになった。翌年にかけて、日本鉄道や山陽鉄道を筆頭に、それに該当する私設鉄道は順次、政府によって買収されていく。

これらは鉄道院の下に運営される国有鉄道の一路線となり、一九〇九（明治四十二）年には東海道本線や山陽本線、東北本線、鹿児島本線など、国有鉄道の路線名称が正式に定められた。こうして日本列島には、鉄道創業五十年を迎える大正時代半ばまでに、幹線鉄道網がはりめぐらされ、蒸気列車（汽車）によるネットワークがほぼ完成を見る。

同時期には、国有鉄道の線路を狭軌（1067㎜）から、標準軌（1435㎜）に改めるべきとする改軌論争も生じた。結局、狭軌を今後も保持することになり、それが現在のJRの在来線に引き継がれている。つまり、既設の線路の改良（いわゆる「改主建従」）ではなく、新しい路線網の拡充をさらに進めていく方針（いわゆる「建主改従」）が、原敬《たかし》内閣（一九一八～二一年）において固まったのである。

「○○本線」と称する主要路線に続いて、整備の中心になったのは、主に中距離の地方の支線だった。横浜周辺においてそれに該当するのは、多摩地方（八王子）とを結ぶ鉄道、つまり横浜線であろう。

■横浜港への生糸輸送

幕末以来、日本の最重要の輸出品である生糸は、東日本では特に北関東や甲信地方で多く産出された。それらの集散地の一つだったのが、かねてより機業地《きぎょうち》で「桑都《そうと》」と呼ばれた八王子である。八王子から横浜港へ、八王子街道や浜街道、神奈川往還などと呼ばれる陸路が、生糸の輸送に利用されてきた。主に現在の国道十六号の原型で、後世になってそれは「絹の道」と名付けられた。

近代化とともに、この「絹の道」に沿って貨物鉄道の建設が計画されるのは、当然の流れであろう。横浜の生糸貿易商の原善三郎らが最初に鉄道の建設を申請したのは、一八八六（明治十九）年十二月のことである。当時、新橋〜横浜間に官設鉄道は開通していたが、東海道本線は建設中であり、多摩や甲信地方にはまだ鉄道がなかった。この時は武蔵鉄道という名称で、川崎と八王子を結び、川崎停車場で官設鉄道に接続して、横浜と東京の双方へ直通する算段だった。

しかし、同時期に出願された甲武鉄道と競合し、武蔵鉄道の申請は却下されてしまう。甲武鉄道は中央本線の前身であり、八王子駅から新宿駅まで一八八九（明治二十二）年八月に開通した。それによって生糸などの輸送には、八王子駅→新宿駅→品川駅→横浜駅というルートが次第に確立されていく。

横浜商人らによる鉄道建設の計画は一時途絶えるが、原を中心に一八九四（明治二十七）年五月、今度は八王子駅と横浜駅（桜木町）を直結する横浜鉄道の敷設願が提出される。だが、そのころには政府は、すでに述べた通り鉄道敷設法によって、甲武鉄道の終点の八王子駅から甲信地方を貫く中央本線の建設を計画しており、加えて東海道本線と中央本線を連絡するため、横浜と八王子との間の路線も国有鉄道がふさわしいと考えていた。

そのため、一八九五（明治二十八）年三月に許可を催促するも、翌年四月、またしても横浜鉄道の計画は却下されてしまう。その後も敷設の出願は、却下された直後の一八九六（明治二十九）年四月、そして一八九七（明治三十）年五月に繰り返されたが、いずれも却下された。

■横浜鉄道の開通

それでも横浜と八王子の間に、国有鉄道の建設の見込みは立たなかった。結局、一九〇二（明治三十五）年三月に再び出された横浜鉄道の会社設立と線路敷設の願書に対して、十二月に仮免許が下された。軽便鉄道や軌道と違って、私設鉄道であるため審査が厳しく、国有鉄道と同じ設計基準が求められるのである。そして、一九〇五（明治三十八）年五月、横浜鉄道の本免許がようやく下された。

起点は神奈川駅の付近とされた。本来は横浜駅（桜木町）に置くのが理想だが、東海道本線と重複するためである。しかし、神奈川駅も敷地が狭く、乗り入れは困難だったので、その北東約１㎞の東海道本線上に、横浜鉄道が東神奈川駅を新設（計画時は「京浜」駅）。東海道本線のホームも設け、ここで国有鉄道と接続した。

終点は中央本線八王子駅に乗り入れた。政府がいつでも買収できるという条件付きではあっ

横浜線の中山駅（絵葉書）　大正期　横浜都市発展記念館所蔵

たが、こうして一九〇八（明治四十一）年九月、横浜鉄道はようやく開通したのである。

だが、発起人の筆頭だった原は既に他界していた。また、八王子から横浜港への貨物輸送は、国有鉄道となった中央本線・山手線・東海道本線を利用するルートがすでに確立しており、私設の横浜鉄道を割り込ませると貨物運賃も割高となるためか、期待されたほど輸送量は伸びなかった。

旅客向けには、最新式の客車を投入し、車内に毛織物の敷物が敷かれるなど、集客の努力もなされたようだが、後発の横浜鉄道の経営は不振を解消できなかった。結局、開通からわずか二年で鉄道院が横浜鉄道を借り受け、「八浜線《はっぴん》」と称して、その運営は国に委託されることになった。そして、一九一七（大正六）年十月に正式に国有化されて、国有鉄道の横浜線となった。

なお、横浜鉄道は臨港貨物線の建設も進めていた。横浜港に直結できなかったため、東神奈川駅から沖合の埋立地へ線路を延伸し、ここに海陸連絡機能を備えた臨港貨物ターミナルを設けようとしていたのである。一九一一（明治四十四）年十二月に貨物駅の海神奈川駅を開業させた。

だが結局、保管施設の横浜倉庫を開設したものの、岸壁は造ることができず、海陸連絡のターミナルは実現できなかった。東神奈川〜海神奈川駅間の貨物線は国有鉄道に引き継がれて、臨港貨物線の一部に組み込まれていく。

（四）横浜電気鉄道、京浜電気鉄道と神奈川駅〜市内・郊外電車のはじまり

■路面電車の誕生

蒸気機関車のけん引する列車（汽車）は、離れた都市や地域を結ぶ乗り物である。つまり、明治時代に開通した鉄道は、主に国土や地方のレベルの輸送を担う交通機関だった。

それに対して、一つの都市の内部の移動手段としては、人力車や馬車、馬車鉄道などに続いて、街路に敷設されたレールを電気で走行する単体の小さな車両が登場する。路面電車（チンチン電車、電気軌道）である。一八九五（明治二十八）年一月、まず京都において京都電気鉄道という私鉄として開業した。明治維新後に政治の拠点としての地位を失った京都では、産業の育成が重視され、琵琶湖疏水を活かした水力発電が開始された。その電力によって日本で最初の路面電車が生まれることになった。

路面電車は狭義では鉄道ではなく、軌道と分類されるが、広義にはレールを走る乗り物として鉄道に含めることが多い。京都に続いて、名古屋、東京、大阪の各都市の市街地に路面電車が誕生し、また、鉄道の駅と最寄りの温泉や寺社などの観光地とを結ぶ乗り物としても各地に誕生する。一八九九（明治三十二）年一月に開通した大師電気鉄道（現・京急大師線）や、

一九〇二（明治三十五）年九月に開通した江之島電気鉄道（現・江ノ島電鉄）などは、その早期の例である。

横浜では一八九五（明治二十八）年、路面電車の敷設の申請が複数出されたが、この時は街路の狭さ等を理由に神奈川県が全て却下した。その後、一八九九（明治三十二）年八月、平沼延次郎ら二十二名の発起人による横浜電気鉄道が、軌道敷設の特許を申請する。その敷設をめぐっては、当初、横浜電車鉄道、横浜共同電車鉄道などの各社が競願したが、何とか一社に統合して出願された。そして、翌年九月に許可が下される。

だが、それに先立ち、人力車の車夫たちによる敷設反対運動が発生し、横浜市会の議場に乱入するなどの事件も起きた。政財界を賛成派と反対派に二分するような紆余曲折を経て、一九〇三（明治三十六）年十二月、路面電車の工事がようやく着手されたのである。

■横浜電気鉄道の開通

一九〇四（明治三十七）年七月、私鉄として開業した横浜電気鉄道の最初の開通区間（第一期線）は、神奈川（神奈川駅前）～大江橋（横浜駅前）である。この区間は、本来別個の都市であった神奈川と横浜とを結ぶ都市間電車の色彩が、当時としては強いが、その翌年に大江橋～西の橋（元町）間などの第二期線が開通。市街地の関内地区に路線網をめぐらせ、本格的に市内路面電車として機能するようになった。軌間は１３７２㎜で、東京の路面電車と同じである。それは路面電車の敷設以前に東京の市街地を走っていた馬車鉄道の軌間を継承したものだが、関東地方でしか採用されていない。

開通当時の運賃は、片道三銭だったが、日露戦争の財源とすることをきっかけに通行税が創設され、一九〇五（明治三十八）年一月より、通行税一銭を含めて片道四銭が徴収されることになった。ちなみに当時、そば一杯の値段が二銭程度だった。当時の車両は、運転台にフロントガラスのない吹きさらしのオープンデッキで、運転士がちょうど馬車の御者のような格好だった。集電装置はパンタグラフでもビューゲルでもなく、一本のポールが装着され、その姿から「電車には角が生えている」とささやかれた。（口絵P10の下図参照）

一九一一（明治四十四）年十二月には、馬車道より分岐し吉田橋を渡って、当時人口が最も急増していた関外地区（伊勢佐木町から吉野町などにかけての地区。江戸時代に干拓によってできた吉田新田にほぼ相当）へ線路を伸ばす。当初そのルートは、当時の横須賀街道（旧・国道三十一号）の一部であり、かつ横浜随一の盛り場として急激に成長していた伊勢佐木町通りを経由する予定だった。しかし、やはり反対運動が発生し、伊勢佐木町を回避して羽衣町を経由することになった。駿河橋（阪東橋の付近）までが開通し、羽衣町線と呼ばれることになった。

同月に元町から、山手の高台をトンネルで麦田へ抜けて、本牧に至る本牧線も開通させた。

当時は田園地帯を抜ける電車の専用軌道だったが、後に本牧通りと呼ばれる道路上の併用軌道となる。この時に運賃が初めて値上げされ、片道五銭（通行税含む）となった。

さらに大正初期にかけて、関内地区を中心に各方面へ向かう郊外線を次々と開通させていく。一九一二（明治四十五）年四月には駿河橋〜八幡橋《やはたばし》間の滝頭《たきがしら》線、一九一三（大正二）年九月から翌年九月にかけて、駿河橋から弘明寺までの大岡川線を全通させた。また、一九一三年二月には戸部・太田の丘陵を周回する半環状の西戸部線も開通させている。

本牧地区をはじめ、これらの新線の沿線は、一九〇一（明治三十四）年もしくは一九一一（明治四十四）年の市域拡張で、久良岐郡から横浜市へすでに編入されていたが、まだ農村地帯だった。原合名会社の地所部など一般の開発事業者のほか、横浜電気鉄道も住宅地の開発を手がけ、新しい市街地が形成されていった。（口絵P8―9、10参照）

また、次章で述べる二代目横浜駅の開業にあわせて、一九一六（大正五）年二月から一九一九（大正八）年一月の間に高島町・桜木町周辺の線路を整備した。こうして横浜電気鉄道としての路線延長が最大に達する。

■京浜電気鉄道

横浜電気鉄道が当時の横浜郊外へ路線網を広げたように、路面電車は都市内から郊外へ線路を延ばし、さらには近隣の都市と都市を結び、専ら郊外を走る都市間（郊外）電車が登場する。一九〇五（明治三十八）年十二月に、品川〜神奈川間を全通させた京浜電気鉄道がそれである。都市間電車は、アメリカでインターアーバン（インターバン、interurban）と呼ばれ、同年四月に開通した関西の阪神電気鉄道とともに、京浜電気鉄道は日本でのその嚆矢《こうし》である。

もとは川崎大師の参詣客の輸送を目的に、一八九九（明治三十二）年一月に開業した先述の大師電気鉄道だったが、同年四月に社名を「京浜電気鉄道」に改め、都市間電車に転じた。一九〇一（明治三十四）年から〇四（同三十七）年の間に川崎から順次、品川方面へ路線を延ばし、〇五（同三十八）年十二月に神奈川線を開通させて、品川〜神奈川間を全通させた（所要時間五十五分）。現・京浜急行電鉄の前身の一つで、神奈川区以北の部分に相当する。当時、法令上は鉄道でなく、軌道である。およそ京浜国道（東海道）に沿ってレールが敷かれ、大森・蒲田付近など、途中の一部区間は国道上にレールを敷いた併用軌道で、一両編成の小型車両で走る路面電車だった。（口絵P6—7参照）

起点の品川停留場は八ツ山橋の際（荏原郡品川町）に置かれ、現在の北品川駅の前身にあたる。終点の神奈川停留場は東海道本線神奈川駅のホーム北端に設けられた。品川と神奈川はいずれも東海道の宿場町であり、当時、東京と横浜の市街地の末端である。京浜電気鉄道にとって重要なのは、国有鉄道等との連絡よりも、両端の品川と神奈川の停留場で東京・横浜の市内路面電車に接続し直通することだった。軌間も同じ１３７２㎜にそろえられていた。それは国有鉄道の狭軌（１０６７㎜）とも、世界の標準軌（１４３５㎜）とも異なり、東京と横浜の路面電車にしか採用されていない特殊な軌間だった。ただし、東京市電とは後に品川でわずかに直通運転が実現したが、神奈川で乗り換えが可能だった横浜電気鉄道（後の横浜市電）とは、一九〇九（明治四十二）年に連絡乗車券の発売を開始したものの、直通運転は実現しなかった。

先に京浜間に走っていた国有の蒸気鉄道の東海道本線とは競合することになった。国有鉄道では、京浜電気鉄道が全通した一九〇五（明治三十八）年十二月、新橋～横浜駅間に途中無停車（所要時間二十七分）の最急行列車を一日二往復設定し、同電鉄に対抗する。すでに一八八二（明治十五）年三月から品川・神奈川駅のみ停車（所要時間四十五分）の急行列車を走らせていたが、そもそも東海道本線は、東京から横浜を経て西日本へ向かう国土交通の一部分であり、途中駅は少なく、既存の市街地・集落からも外れていた。

一方、京浜電気鉄道はそれらの市街地や集落を縫うように走る、地域に密着した交通機関である。駅（停留場）の数や立地も優位にあった。京浜間の直通客はさておき、大森や蒲田、川崎、鶴見、生麦、子安など、東京・横浜の近郊を通勤・通学、商用、行楽などで行き来する旅客の多くが、速くても運転本数の少ない東海道本線の汽車（蒸気列車）ではなく、五分間隔で頻繁に運転されて、停留場が近くすぐに乗ることができる京浜電鉄の電車を選択したと推測される。

運賃も品川駅から横浜駅（桜木町）まで国有鉄道が二十六銭（三等、通行税含む）だったのに対し、京浜電鉄は神奈川駅までが十九銭（通行税含む）で、横浜電鉄に乗り換えて桜木町まで行ってもさらに四銭（同含む）が必要になるだけで、合計にして三銭安かった（一九〇六年当時）。

そして、一九一〇（明治四十三）年に京浜電気鉄道が発行した『京浜遊覧案内』という冊子には、主な停留場ごとの沿線の名所案内が記されるとともに、「郊外生活のすすめ」と題する論文が掲載されている。そこには「郊外生活に適当の場所を相すれば、京浜鉄道沿線の地に勝さるものなし」とし、「汽車の発着も頻繁なれば」とはあるが、「京浜電車は数分時毎に品川、神奈川間を快速に往来し」「東京、横浜、毎日勤務の往復にも多くの時間を要することなく」とある。

競合する国有鉄道と京浜電気鉄道の風刺画
「京浜間の競争」『貿易新報』（1906 年 1 月 1 日付）挿図　横浜市中央図書館所蔵

旅客の誘致を目的とする沿線の振興に、積極的な取り組みを見せていくのである。

【コラム】開港場・神戸の駅と鉄道

神戸は横浜と並び、日本を代表する港湾都市である。幕末の諸外国との修好通商条約で開港が決定したのは、中世以来の港町の兵庫だったが、一八六八年一月（旧暦：慶応三年十二月）、実際に開港し外国人居留地が設けられたのは神戸村だった。

大阪から神戸を結ぶ官設鉄道は一八七四(明治七)年五月に開通。一八七七(明治十)年二月、京都駅から神戸駅までの官設鉄道が全通すると、明治天皇を迎えて、西日本でも開通式が行われた。

神戸の開港場は南北を海と山にはさまれ、東西に伸びる平地に位置するので、鉄道の線路はその東西に細長い市街地を串刺しにするように敷設された。そして、神戸停車場は、神戸と兵庫の市街地の隙間に設けられた。

神戸では横浜と違って、外国人居留地のそばにも停車場が設けられた。三ノ宮停車場である。現在の元町駅の位置にあたり、すぐ近くの三宮神社から名付けられた。両停車場はわずか1・6㎞しか離れていなかったが、神戸駅は「大ステーション」、三ノ宮駅は「小ステーション」と呼ばれ親しまれた。

第二章　桜木町駅と、高島町にあった二代目横浜駅

二代目横浜駅の駅前を走る路面電車（絵葉書）
部分　大正前期　有隣堂所蔵

（一）東海道本線の改良と横浜

■東海道本線の整備

日清・日露戦争を経た明治時代末期の日本は、産業革命（工業の発達）と大都市の膨張が進み、東海道本線を筆頭とする鉄道の輸送量も旅客・貨物ともに増大を続けた。鉄道院はその対策に取り組み、大正時代に入ると、東海道本線では一九一三（大正二）年八月、全線の複線化が完了し、国府津〜沼津駅間や大津〜京都駅間の迂回ルートの改良のため、大規模トンネルの建設工事が開始される。それぞれ丹那トンネルと新逢坂山・東山トンネルである。

そして、東京、名古屋、大阪の大都市近郊区間では、三線化や複々線（四線）化によって貨物用と旅客用の線路の分離が行われる。さらに東京近郊では、中長距離用と近距離用（通勤用）とで旅客用の線路が分けられ、京浜間を含む新橋〜大船駅間で抜本的な改良工事が実施された。

まず第一は一九一四（大正三）年十二月、東海道本線の旅客列車の起点が、新たに建設された東京駅に移された。これは明治時代に設計された東京市の市区改正（都市計画）に端を発する。東京市には当時の市街地の両端に、東海道方面の新橋駅（芝区、現・港区）と、東北・上信越方面の上野駅（下谷区、現・台東区）という二つの大きな鉄道ターミナルが配置されていた。

その間の市街地での人や物資の移動には、馬車や荷車、路面電車を用いる必要があった。そこで市街地を縦貫する高架式の鉄道を建設し、両駅を接続してその中間に中央停車場を設置することが構想されたのである。

この時、まずその一部が実現し、皇居前の丸の内に東京駅（麴町区、現・千代田区）が誕生したのだった。それまでの新橋駅は貨物専用となり、汐留貨物駅と改められた。また、すでに山手線の電車専用に開業していた烏森駅を二代目の新橋駅（芝区、現・港区）とし、新橋駅には電車に加え、東海道本線の中長距離列車を、東京駅の次に停車させることになった。

続いて、横浜における東海道本線の不便も、解決がはかれることになる。

■二代目横浜駅の開業

一九一五（大正四）年八月、東海道本線の神奈川～程ケ谷駅間のルートが、横浜の中心部に寄せて湾曲するかたちに付け替えられた。そして、その新ルート上に二代目の新しい横浜駅が開業する。当時の横浜市高島町二丁目であり、現在の西区高島一丁目の、国道の高島町交差点に面した位置である。

駅舎は、神戸方面へ向かう線路と桜木町方面へ向かう線路とが分岐する、分かれ目の位置に設けられ、上から見ると三角の形状をしていた。東京駅（丸の内口）と同じく赤レンガ造りの

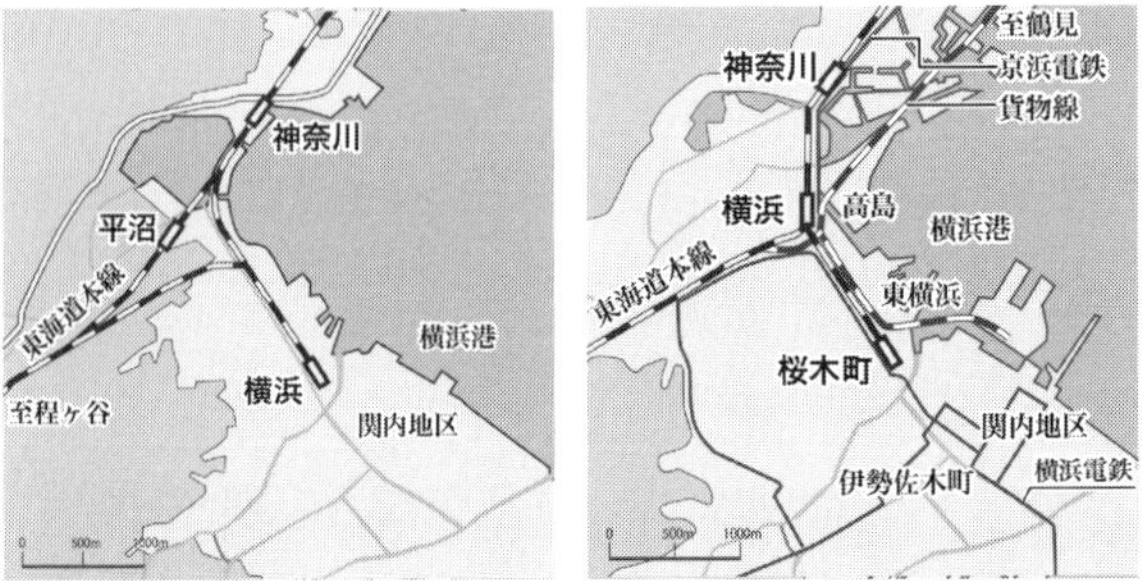

横浜駅の移転（初代［左］から二代目［右］）　著者作図

建物で、二階建ての中央部に塔を擁した堂々たるものだった。ただし、東京駅の駅舎の設計者として辰野金吾らが知られているが、横浜駅の駅舎については不明である。青木祐介の推測によると、南海や近鉄、阪神、京成など、後に多数の私鉄ターミナルビルを手がける久野節《みさお》らが設計に関わっていたという。切符を販売する出札所は一階に、その改札口は二階に置かれ、そこから跨線橋《こせんきょう》で各ホームに渡る構造だった。

　駅前から関内方面へは、路面電車のレールを中央に配した「横浜停車場前中央道路」、つまり桜木町通り（旧・国道三十六号）が一直線に整備された。ただし、駅舎正面の目前を、後述の臨港貨物線の高架線が横切るかっこうになった。これは当時の感覚においても、美観を損ねるとして不評だったようである。

　ともあれ、この移設工事によって、東海道本線の全ての列車が横浜駅を、方向転換なしで経由・発着することが可能になった。今日に至る横浜駅の営業年数は、この二代目駅の開

二代目横浜駅の駅舎（絵葉書）　大正前期　有隣堂所蔵

業をもって起算している。

一方、それまでの横浜駅（初代）は同年の八月に、旅客ホームと貨物用の構内スペースとを分割して、それぞれ「桜木町」駅と「東横浜」貨物駅とに改称された。前者は駅周辺の地区名であり、後者は初代の横浜駅の東側にあたり、全国から横浜港へ貨物を運ぶ列車の行き先となるため、わかりやすいように「横浜」の名を残したのであろう。明治の鉄道創業以来、横浜駅舎として使用されてきた石造の建物は、桜木町駅の駅舎として引き続き使用された。

また、横浜市政財界の不興を大いに買った平沼駅と、その前後の短絡線はこの時に廃止された。ただし、跡地はそのまま鉄道院によって保有され続け、関東大震災の後、再び活用されることになる。

(二)「京浜線」電車の運転開始

■省線電車の登場

東京駅と横浜駅(二代目)の開業にあわせて、東海道本線の京浜間は、従来の複線に新たな複線が別に増設されて複々線区間となった。特に「京浜線」と呼ばれた新しいこの増設線路には、通勤通学など近距離の旅客用の電車が走り始める。

当時、鉄道とはすなわち、蒸気機関車が客車をけん引する列車、いわゆる「汽車」のことで、「電車」と言えば、道路上に敷設した軌道(レール)を走る小型の路面電車を指していた。しかし、明治末期には汽車と同様に専用の線路を走る大型で高速の電車が、東京近郊の中央線(一九〇六年十月に甲武鉄道が国有化)の飯田町~新宿~中野駅間と、山手線の烏森(現・新橋)~品川~新宿~上野駅間等に登場する(順に一九〇四年八月、一九〇九年十二月)。それらに続いて、東海道本線の京浜間でも高速電車が運転を開始したのだった。

鉄道院(一九〇八年発足)の管轄していた国有鉄道は、一般に「院線」と呼ばれ、鉄道院が鉄道省に改組された一九二〇(大正九)年の後は、「省線」と呼ばれるようになった。そして、国有鉄道に走る電車は、汽車と区別して、鉄道院の時代には「院線電車(院電)」と通称され、

桜木町通りを走る市電と、京浜線の院電（絵葉書）　大正前期　有隣堂所蔵

鉄道省の発足後はそれが「省線電車（省電）」となった。戦後の国鉄電車（国電）のことである。

■京浜線電車の運行

京浜線電車は、東京駅開業の一九一四（大正三）年十二月、東京〜高島町駅間で運転を開始した。高島町駅とは、翌年に開業予定の二代目横浜駅の敷地に先行して置かれた、仮設の駅である。だが、開業初日の祝賀電車がいきなり故障で立ち往生し、その後も事故が続き、およそ一週間で運転を休止する。

結局、運転を再開したのは翌年五月で、八月には二代目横浜駅が開業した。十二月には電車の運転区間が延長され、東京〜横浜〜桜木町駅間での運転となった。所要時間は五十二分で、二両もしくは三両編成の電車が十五分間隔で運転された。京浜線の開業とともに投入されたデハ６３４０形の電車は、まだ木造の車両だったが、既存の中央線や山手線の車両よりも大型であり、国有鉄道として初めてパンタグラフが採用された。

途中の浜松町、蒲田、川崎、鶴見の各駅には停車しない急行電車も短期間だけ設定されていたが、一九一八（大正七）年三月に廃止された。その四月には、桜木町駅の旅客ホームが高架となり、横浜駅のホームは地上だが、その先から桜木町駅までの高架線が完成した。桜木町通りの海側に築かれた擁壁の上を電車が一直線に走ることになった。

京浜線、つまり京浜間の電車線は、正式には東海道本線の一部で、列車線（急行線）に対して、その緩行線《かんこうせん》にあたる。最終的には在来の線路と同じ狭軌（軌間１０６７㎜）に揃えられたが、この電車線を標準軌（軌間１４３５㎜）で敷設して、いわば京浜間の「新幹線」とする構想も一部にあった。

東海道本線の京浜間では、電車の開業により、中長距離の旅客列車（汽車）は普通列車であっても、東京、新橋、品川、大森、横浜のみが停車駅となった。途中の有楽町、浜松町、田町、蒲田、川崎、鶴見、東神奈川、神奈川の各駅には京浜線電車のみが停車し、大井町駅がその運転開始にあわせて電車専用駅として新設された。なお、後の一九三〇（昭和五）年三月には大森駅も電車専用となり、列車の停車駅から外された。

院線（省線）の京浜線電車は、丸の内や銀座（東京・有楽町・新橋駅）と桜木町という、東京・

横浜の両都市の中心部を一時間以内で直結した。そのため、並行する私鉄の京浜電気鉄道から、通勤・通学や商用の利用客を大幅に奪い取ることになった。京浜電気鉄道の窮状は、同社の社長が当時の首相の大隈重信に訴えるほどだった。京浜線に大井町以外の駅が新設されなかったのは、同社への配慮からと言われている。

それでも京浜電気鉄道は、沿線開発による旅客の誘致に引き続き取り組み、一九一四（大正三）年、生麦住宅地の分譲を開始し、また、生見尾村生麦に開園した花月園遊園地と連携して花月園前駅を設けた。さらに、工場招致を町是に掲げた川崎町では、多摩川沿いに日米蓄音器商会（一九〇九年、現・日本コロムビア）、鈴木商店（一九一四年、現・味の素）、富士瓦斯紡績（一九一五年）などの工場進出が相次ぎ、通勤輸送が増え、一九二〇（大正九）年頃までにはその経営を完全に回復させていく。

■桜木町からの延伸計画

桜木町駅は、東海道本線の枝線の終点となり、京浜線電車の行止り式の始発・終着駅となったが、小風《こかぜ》秀雅によると、ここから線路を大船方面へ延伸する計画が明治末期、京浜線の増設が決定された第二次桂太郎内閣において内定していたという。一九二二（大正十一）年に出される改正鉄道敷設法では、建設予定路線の一覧に「神奈川県桜木町ヨリ北鎌倉ニ至ル鉄道」として掲げられる（北鎌倉は大船のこと）。

そのルートは、現在の根岸線とは異なり、桜木町駅から西へ曲がり、大岡川に沿うものだった。桜木町駅のホームはその曲がり具合に合わせて、あらかじめ湾曲した設計になっていた。延伸ルートは横浜市蒔田《まいた》町（一本松）付近まで確定し、線路用地が確保されていた。途中の黄金町付近と蒔田町に駅の設置も計画されていた。

蒔田町から先は、鎌倉街道沿いに横浜市弘明寺《ぐみょうじ》町、久良岐郡大岡川村最戸《さいど》、同郡日下《ひのした》村日野、鎌倉郡本郷村などを経由し、大船駅（鎌倉郡小坂村大船）へ抜ける予定だった。実はこれは、鉄道創業以前の一八七一（明治四）年、東海道本線のルートとして想定されていたものだった。当時は比較調査の結果、いったん中山道沿いが採用されたため、立ち消えとなった。それからおよそ半世紀が過ぎ、京浜線電車の延伸ルートとして、再び脚光をあびることになったのである。

しかし、『横浜貿易新報』によると、鎌倉街道沿いよりも多くの人口を有していた、東海道沿いの橘樹郡保土ヶ谷町と鎌倉郡戸塚町では、役場と住民がこのルート案に激しく反対した。一九一六（大正五）年七月には、保土ヶ谷・戸塚経由に変更するよう、戸塚町長から鉄道院に陳情書が提出されている。一方、大岡川、日下、本郷の三村でも、原案通りとするように陳情活動が行われた。

結局、鉄道院は一九一九（大正八）年十月頃には、蒔田町から先のルートの変更を決定したようである。急転回をして現・南区の井土ケ谷や永田の付近を大きく旋回し、程ヶ谷駅を西へ移設してそこで東海道本線に合流。ここから戸塚駅、大船駅に至るというルートが採用された。

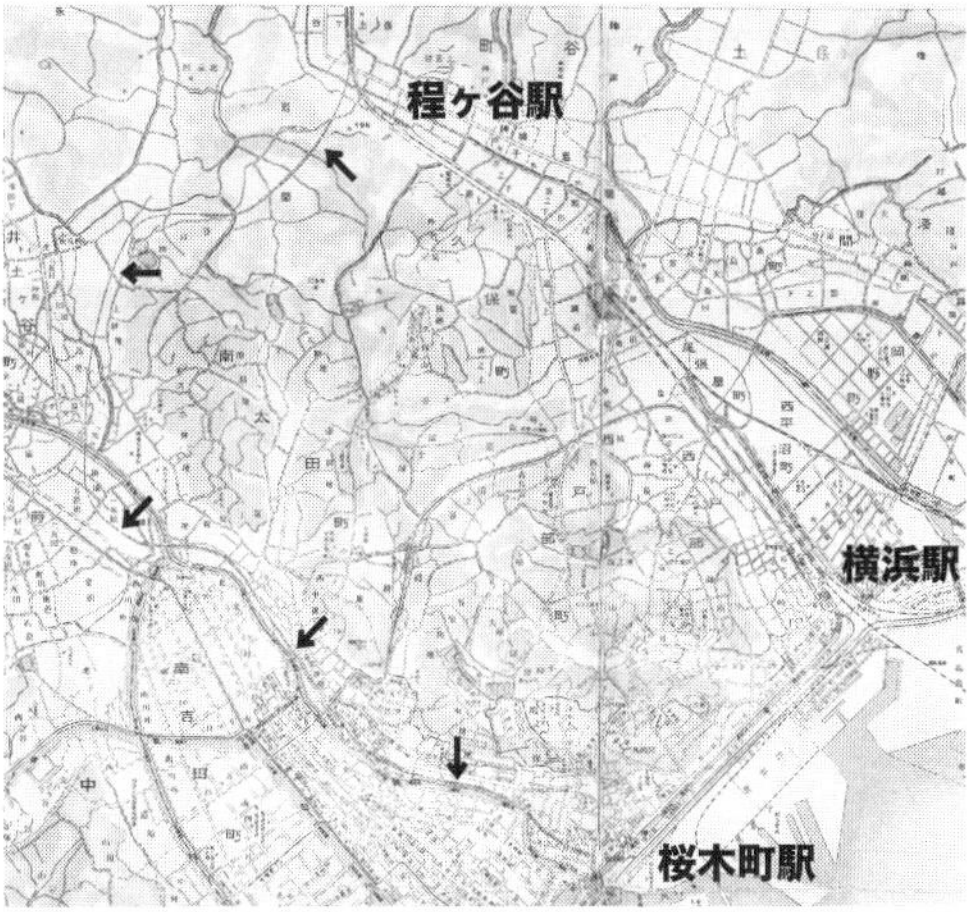

京浜線の延伸ルート　「横浜市及近郊平面図」部分（1921年）
神奈川県立公文書館所蔵　著者加筆

　もっとも当時、程ヶ谷と戸塚の両駅の間にある鎌倉郡川上村には、仮称「武蔵」駅の設置も予定されていた。半世紀以上の後に東戸塚駅として開業する駅である。程ヶ谷、武蔵（仮）、戸塚の各駅は、東海道本線の列車（汽車）を通過させ、京浜線からの電車のみの停車駅にしようとする目論見《もくろみ》もあっただろう。

　ともあれ、この桜木町～大船駅間の延伸線は、実際に工事が開始され、一九二五（大正十四）年の完成予定だった。しかし、それは幻となる。関東大震災が発生したからである。

（三）臨港貨物線の形成

■新港ふ頭と税関線

貨物専用の東横浜駅からは、まだ横浜駅（初代）だった一九一一（明治四十四）年の時点で、建造中の新港ふ頭へ向けて、すでに貨物線が築堤を介し伸びていた。いわゆる税関線である。現在の遊歩道の「汽車道《きしやみち》」はその線路跡である。

新港ふ頭は一八九九（明治三十二）年から一九一七（大正六）年までの、横浜税関（大蔵省）による第二期築港工事で完成する。横浜港の主力施設で、「税関ふ頭」とも呼ばれた。横浜税関は輸入品を一時保管する保税倉庫を新港ふ頭に設けた。それが現在、「赤レンガ倉庫」と呼ばれる商業施設に転じている。

同じく当時の横浜港の主力施設で、一八九四（明治二十七）年に竣功した大さん橋（鉄桟橋）と違って、新港ふ頭は鉄道と港湾との連絡を初めて可能にした。ふ頭内には国有鉄道の貨物取扱所

桜木町駅と東横浜貨物駅　1923年　横浜開港資料館所蔵

が置かれ、一号から十三号まである岸壁に向けて線路が敷かれた。この貨物の取扱所（横浜港荷扱所）は一九二〇（大正九）年七月には横浜港《よこはまみなと》駅に昇格する。

一方、東神奈川駅から臨海部の海神奈川駅へ向けて、横浜鉄道が開通させた貨物線もあった。同じく一九一一（明治四十四）年には開通をしている。すでに述べた通り、横浜鉄道は神奈川沖に海陸連絡の貨物ターミナルの建設を構想したがかなわず、横浜倉庫と呼ばれる物流施設を完成させただけで終わった。横浜鉄道は一九一七（大正六）年十月に国有化されて、この貨物線は院線の横浜線支線となり、海神奈川駅も国有鉄道の貨物駅となる。

■高島線の全通

大正時代に東海道本線において、旅客と貨物の分離がまず実現したのは、東京の汐留貨物駅の付近と、横浜港が控える鶴見〜程ケ谷駅間である。

新しい二代目の横浜駅は旅客専用の駅であり、貨物の取り扱い

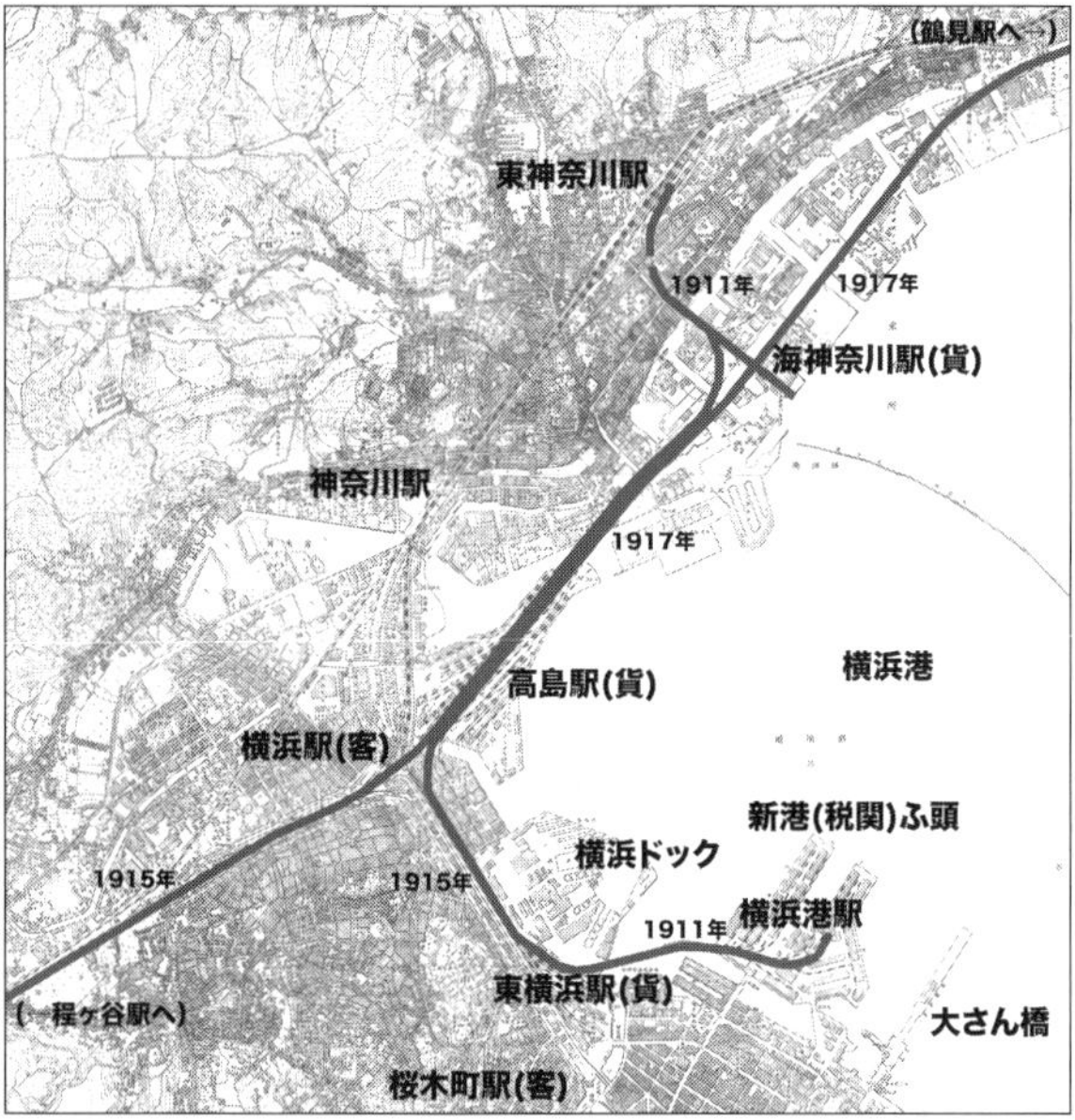

臨港貨物線と貨物駅　1万分1地形図「横浜」(1922年)に著者加筆。数字は開通年

は埋立地の表高島町に高島貨物駅を設けて機能を移管し、ここが東海道本線の貨物ターミナルとなった。一九一五(大正四)年十二月、高島貨物駅から、東横浜貨物駅への貨物線と、二代目横浜駅の駅前を高架で通過し、程ヶ谷駅に至る貨物線が開通した。

続いて、鶴見駅の南西の生麦付近で本線より分岐、子安沖の埋立地を通過し、海神奈川貨物駅を経て高島貨物駅に至る貨物線が、一九一七(大正六)年六月に開通。通称・高島貨物線(鶴見〜高島〜程ヶ谷駅間）が全通する。横浜港周辺には、税関線や高島線など、横浜臨港貨物線と総称される貨物の路線網が張りめぐらされた。川崎駅から浜川崎貨物駅へ伸びる貨物線も一九一八（大正七）年五月に開通する。

こうして鉄道を中心に近代的な交通網を備えた貿易・港湾都市としての横浜が完成し、次に臨海工業都市として発展する基礎が形づくられたのである。

■横浜港の貨物輸送

完成した貨物線は、横浜港の輸出入品や横浜市内の生産品・消費品の輸送に大いに利用された。横浜方面への貨物の到着は、東横浜貨物駅が大半を担い、横浜港からの最大の輸出品である生糸をはじめ、米や木材、木炭が東横浜駅に集中した。砂利などは海神奈川貨物駅や高島貨物駅にも多く到着した。一方、横浜から各地への貨物の発送は高島貨物駅が中心で、横浜港に陸揚げされる輸入品の鉄や綿花を高島貨物駅が、同じく輸入機械を横浜港駅が多く担っている。そして、セメント、石炭、肥料、米、麦などの発送を高島、東横浜、海神奈川の順に各貨物駅が担った。

二本の突堤と岸壁（一～十三号）を備えた新港ふ頭には、一号から十一号までの上屋《うわや》が配置され、横浜港駅の構内の線路が伸びていた。上屋では岸壁の貨物船から貨物列車へ、あるいは貨車から船へ直接に貨物を積み込むことが可能だったが、横浜港駅の構内で取り扱うことができる貨物の量は限られていた。

例えば、輸出品の生糸は、国内の生産地から貨物列車で運ばれ、新港ふ頭の横浜港駅へ直送されたわけではなく、主に東横浜貨物駅で下ろされた。ここからトラックや荷車で市内の生糸問屋へ運ばれて輸出用の梱包に改められ、再びトラックや荷車に積んで新港ふ頭へ運び、貨物船に積み込まれた。

ところで、横浜港駅は貨客両方の取扱駅で、貨物列車だけでなく、「ボートトレイン（ポートトレイン）」と呼ばれた汽船連絡の旅客列車も発着している。初期には東洋汽船の、後には日本郵船の、サンフランシスコ航路の貨客船が出航（午後三時）する日に、東京駅から一往復が運転された。途中の新橋、品川、大森（一九三〇年以後は通過）の各駅に停車し、鶴見駅（通過）より臨港貨物線に乗り入れた。出航する新港ふ頭四号上屋の前に「ボートトレイン」用のホームが設けられ、その一部が現在も残されている。

ボートトレインはその後、戦時中は運行が中止されていたが、一九五七（昭和三十二）年八月から、シアトルへ向かう「氷川丸」の横浜出港にあわせ、運転が再開された。一九六〇（昭和三十五）年八月、「氷川丸」の引退とともにボートトレインの運転も最後となる。

（四）横浜市電の成立

■横浜電鉄の拡張計画と経営の悪化

都市内の路面電車として開業した横浜電気鉄道は、すでに述べた通り、大正初期までに当時の横浜郊外へも路線を延長した。加えて一九一一（明治四十四）年十一月、本牧原から間門《まかど》までの軌道敷設の特許を取得し、さらに横浜市域に路線網をとどめるのではなく、一九〇七（明治四十）年五月に八幡橋終点から金沢を経て逗子までと、弘明寺終点から鎌倉までの特許も取得していた。後者は失効するが、一九一四（大正三）年四月、前者は着工された。横浜電気鉄道は市内電車にとどまらず、郊外電車への発展を画策していたことがうかがえる。

しかし、物価の高騰や資材の不足など、第一次世界大戦後の日本の経済の不安定な状況が、横浜電気鉄道の経営を直撃した。それにともない延長工事は中止され、また、一九一八（大正七）年以降毎年、従業員によるストライキが勃発した。一九二〇（大正九）年四月には運賃の値上げが申請される（片道五銭から八銭に）。これらは市民の反発を大きく招くことになる。

すでに都市の路面電車は、道路や水道、公園などと同じく、都市の重要な公共インフラとする認識が国内で高まっていた。先進的に開通当初（一九〇三年）より公営だった大阪市電にならい、当初は私鉄として開業した他都市の路面電車もそれぞれ公営化されていった。一九一一(明治四十四)年に東京市電、一九一二(明治四十五)年に京都市電、一九一七(大正六)年に神戸市電がそれぞれ誕生した。

■横浜市電の成立

そして、一九二〇(大正九)年十一月、横浜市会は横浜電気鉄道の買収を満場一致で可決し、政府の許可を得て、横浜にも市電が誕生する。一九二一(大正十)年四月一日、横浜市は同電気鉄道を買収し、電気局を設置して、当初は発電事業とともに、市内の路面電車の運営を開始した。開業初日は花電車が走り、横浜公園で盛大な祝賀行事が催された。『横浜貿易新報』は「市営に移る電鉄の城渡し」、「花電車で祝ふ今日の市営第一日」という見出しでその様子を報じている。

横浜電気鉄道から引き継いだ、市電の成立当初の路線は、神奈川から元町(西の橋)までのいわば本線と、本牧線、羽衣町線、滝頭線、大岡川線、西戸部線など、計20・3㎞だった。後年のように多数の運転系統は設定されておらず、八幡橋↓馬車道↓神奈川↓馬車道↓本牧↓馬車道↓弘明寺と、その逆のルートが主な運転系統で、西戸部線は単独で運転されていた。

車両は約一二〇両を引き継いだ。横浜電気鉄道の開通当時の車両は、運転台に窓ガラスのないオープンデッキで、大正時代には前面に窓ガラスを付けた車両に改良されていくが、横浜市電気局による車両の製造が本格化するのは関東大震災後であり、運転台の部分にドアが付くのはそれからである。なお、大正時代には、横浜市内を走る路面電車の姿を写した写真をもとに、それを印刷した絵葉書が数多く作成されている。しかし、本章の扉にある図もそうだが、それが横浜電気鉄道なのか横浜市電なのかを、画像から判別することは非常に難しい。

さて、電気局はさらに、横浜電気鉄道の拡張計画も引き継いだ。一九二二（大正十一）年七月には横浜市会で三つの新路線の建設計画が可決される。それは本牧(間門)線(本牧原〜間門)と久保町線（塩田〜道上）、先述の金沢・逗子線の一部にあたる杉田線（八幡橋〜杉田）である。久保町線は大正期の市営化直前に特許を得ていた。「三線計画」と称して、その整備に着手した。なお、金沢・逗子線の杉田以遠は、後発の湘南電気鉄道の計画ルートと重なり、交渉の末、一九一九（大正八）年三月、代償金を得るなどの条件で敷設の特許を放棄した。

しかし、市営化からわずか二年後の一九二三（大正十二）年、関東大震災が発生する。

（五）関東大震災

■震災による被害

一九二三（大正十二）年九月一日正午頃、マグニチュード七・九の巨大地震が南関東地方で発生した。地震とその後に起きた災害とをあわせ、関東大震災と称される。当時の横浜市内では約二万六〇〇〇人の死者・行方不明者が発生し、家屋の倒壊・焼失は約三万五〇〇〇棟に及んだ。そして、道路や港湾、運河などのインフラは壊滅的な被害を受けた。

鉄道は当時、横浜市の内外に開通していた国有鉄道の東海道本線と横須賀線、横浜線、私鉄の京浜電気鉄道、および横浜市電の全てが不通となった。

竣工からわずか八年の赤レンガ造の横浜駅舎は、地震による倒壊は免れたものの、数時間後に周辺に発生した火災によって焼失した。東京駅（丸の内口）の赤レンガ駅舎が震災を耐え、戦災を越えて現在は国の重要文化財に指定されているのと対照的に、横浜の赤レンガ駅舎は、二〇〇三（平成十五）年に発見された建物基礎の遺構（一部）から往時を偲《しの》ぶことしかできない。

また、鉄道創業以来の石造の建物である桜木町駅の駅舎も火災で焼失した。『横浜市震災誌』横浜市役所（一九二六年）には、桜木町駅の被害の状況が、「突発的に起つた第一激震に於て、駅本屋内なる明治五年建築の家屋二棟、外壁石材は振落され、コンクリート床面に亀裂を生じ、天井及内部の壁、及び土木材は落下し」、「約三十分過と思ふ頃、都橋附近と馬車道方面に火災が起きたのを見た」、「火は当駅にも延焼して来た」、「当駅の焼失は午後二時半頃であつたと思ふ」などと記述されている。

神奈川駅や東神奈川駅は、やはり周辺に大きな火災が発生したものの、駅舎は倒壊・焼失を免れている。

列車・電車の被害は、現在ほど運行密度が高くないため件数は多くないが、横浜市内では東海道本線と横浜線の三カ所で、計四編成が被災している。横浜〜程ケ谷駅間で客車八両をつないだ旅客列車が、また桜木町駅で五両編成の電車二編成が脱線・転覆し、沿線火災で焼失した。そして、海神奈川貨物駅で貨物列車が脱線・転覆した。

一方、東神奈川駅にあった旅客・貨物混合の列車は無事だった。また、当時は市域外だった戸塚駅付近（鎌倉郡）と、中山〜長津田駅間（都筑郡）でも旅客や貨物の列車が被災している。なお、震源が相模湾北西沖であるため、東海道本線の大船駅以西ではさらに多くの列車が被災した。根府川《ねぶかわ》駅で旅客列車がホームとともに崖から海へ転落し、一〇〇人を越える死傷者を出したことは有名である。

横浜の市街地は、関内・関外地区と戸部・平沼地区など、台地にはさまれた平地部分に密集し広がっていたが、そのほぼ全てが焼失し、山手や野毛山など、周辺の台地の部分でも多くの家屋が焼失した。市街地を走行する横浜市電は、保有していた車両（貨車等は除く）の全一四三両のうち、十九両が破損し、七十二両が焼失した。至る所でレールは屈曲して架線は断線し、軌道の敷石は激しくめくれ上がった。車庫・工場、発電所・変電所もその機能を失った。

■震災からの復旧

鉄道の復旧は、電気設備を必要としない蒸気機関車のけん引する列車（汽車）が先行した。電車専用の駅にも汽車を停車させ応急の対応をとった。

東海道本線は、川崎〜鶴見駅間と東神奈川〜神奈川駅間で線路の被害がなく、九月六日に品川〜東神奈川駅間で列車の運転が再開された。一日に二往復半で運転時間は不定、工事用列車という扱いで、無賃で乗車できた。翌日には横浜駅まで、翌々日に大船駅までと、復旧開通区間が順次、延伸された。貨物列車も順次、運転を再開し、二十一日には工事用列車を取りやめ、旅客運賃の徴収が再開された。下旬には横浜線も復旧する。

電車の復旧には時間を要した。京浜線電車の運転が再開されるのは、十月になってからである。一日、東京〜蒲田駅間でまず再開し、二十一日、横浜駅まで運転区間が延伸された。しかし、横浜〜桜木町駅間は、十二月三十日まで不通のままだった。復旧が遅くなったのは、この区間の高架（擁壁）が崩壊したことと、次章で詳しく触れるが、桜木町駅を廃止したいという鉄道省の意向が反映しているだろう。

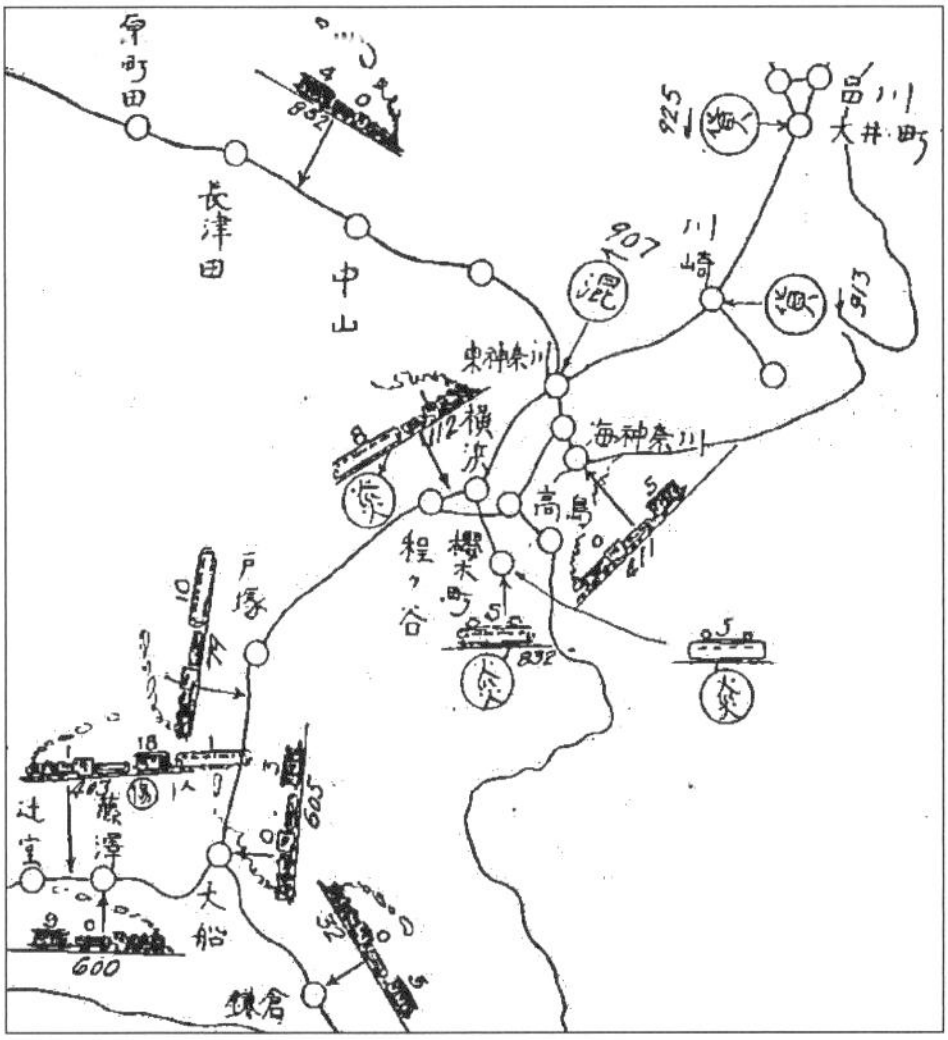

国有鉄道の列車・電車の被害を示したイラストマップ
「国有鉄道被害列車位置図」『大正十二年鉄道震害調査書』鉄道省（1927年）付図　横浜市中央図書館所蔵

やはり電気設備の修復を必要とする横浜市電も、九月いっぱい不通だった。十月二日に神奈川から馬車道までが復旧開通し、馬車道から日本橋（阪東橋付近）、次いで八幡橋まで、および馬車道から本牧原まで、さらに税関線（大さん橋付近）、西戸部線、弘明寺線と順次、開通を重ねた。全線が復旧したのは十月二十六日である。

もっとも大半の車両が失われているため、応急措置として、破損した車両のうち車輪等に被害のないものは、屋根や窓を取り払い走らせた（通称「バラック電車」)。また、京王電気軌道や大阪市電の車両を購入するなどもした。後者は軌間が異なるため、改造が必要だったが、前者は同じであり、東京市電と京浜電気鉄道の線路を経由して自力で車両を回送させたという。

なお、比較的に被害の少なかった京浜電気鉄道は、九日間の全線不通の後、品川側から復旧開通が進んだ。六郷川(多摩川)と海老取川の鉄橋が破損し、後者の含まれる稲荷橋~穴守《あなもり》駅間を除いて、十月十五日に神奈川駅に達して全線が復旧している。破損した車両は九両で、火災は受けず死亡者もいなかった。

こうして横浜周辺の鉄道は、関東大震災からの応急の復旧を終え、復興の段階へ進んでいく。次章で述べる通り、そこで大きく再編されることになる。もしも関東大震災がなかったら、横浜の鉄道は今日と全く異なる姿になっていたはずである。

【コラム】神奈川の路線バスのあゆみ

横浜駅前の路線バス（絵葉書）　部分　昭和初期
著者所蔵

日本に自動車が普及し始めるのは大正時代で、乗合自動車と呼ばれた路線バスもこの頃、全国にいくつかが開業する。神奈川県での本格的なその先がけは、富士屋自働車（現・箱根登山バス）で、箱根の富士屋ホテルが一九一九（大正八）年六月、国府津駅と箱根の間で同自働車の営業を開始した。

横浜周辺では、神奈川中央交通の前身の相武自動車が、一九二一（大正十）年八月および翌年六月、市電の弘明寺終点より鎌倉街道へ経て鎌倉駅前まで、および横浜市外の杉田（久良岐郡屏風浦村）までの路線を開業した。一九二三（大正十二）年七月には市内南吉田町から戸塚駅前までの路線も開業した。また、鉄道省編纂の『全国乗合自動車総覧』（一九三五年）によると、一九二三（大正十二）年四月、市内浅間《せんげん》町に車庫を置いた中央相武自動車は、（二代目）横浜駅前から愛甲郡厚木町までの営業を開始し、鎌倉郡戸塚町の鶴屋商会は一九二五（大正十四）年十月、戸塚駅前と厚木町および藤沢駅前を結ぶバス路線を開通させた。

これらは現在と比較しても運行距離が長く、主に農村地帯の未舗装の国道・県道を走行した。特に東海道（国道一号）の戸塚町は、県内のバス発達の拠点となったと言える。

市街地を走るバスは、関東大震災後の一九二八（昭和三）年十一月、桜木町駅前から三ツ沢、保土ケ谷橋、井土ケ谷、小港《こみなと》、滝ノ下と、間門～磯子、弘明寺～日野の七路線が横浜市営バスとして開業する（三代目横浜駅前への乗り入れ開始は一九三一年十二月）。丘陵地などの市電の走行が難しいエリアを含め、前年に市域に編入されたばかりの郊外に路線網が設定された。路面電車と違って新規路線の開通が容易であるため、やがて子安・鶴見方面へ路線網を重点的に拡充させていく。

市電を運営する横浜市電気局がバス事業に参入したのは、民営のバスが進出して市電と競合するのを予め《あらかじ》防ぎ、市内交通公営の原則を確立するためだった。民営で市電・市営バスと競合したのは、横浜乗合自動車だけである。市営バスと同時に、横浜駅前から桜木町・吉田橋を経由して磯子区杉田までの路線を開業した。また、伊勢佐木町にあった百貨店の野澤屋と松屋は、それぞれ横浜駅前から送迎用の無料バスを頻繁に走らせた。本来は買い物客専用だが、そうでない人の利用もしばしばあったという。

なお、昭和時代に開通ラッシュを迎える電鉄会社にとって、沿線郊外でのバス会社の乱立は不利益となる。そのため次第に沿線のバス会社を系列化したり、あるいは自社で直営のバス事業を展開して他社を排除していく。また、国の政策もあり、バス会社同士の統合が進んでいった。

東横線を開通させた東京横浜電鉄は、直営を離れる時期もあるが、東神奈川駅前から都筑郡川和町や綱島温泉までの路線を中心にバスを走らせた。同様に京浜電気鉄道は、品川駅と京浜国道を軸に路線バス網を展開。一九三二（昭和七）年十月には鶴見区生麦から横浜駅前までのバスの運行を横浜市より委託され、京浜の都市間バスとなった。また、鶴見・川崎の工業地帯には、鶴見臨港鉄道のバス事業に端を発する川崎鶴見臨港バスが走った。

湘南電気鉄道は三浦半島のバス会社の系列化や買収を進めた。横浜乗合自動車も他社との合併を経て、一九三六（昭和十一）年二月、同電鉄のバスとなる。また、相武自動車は鶴屋商会と合併して一九三七（昭和十二）年一月、相武鶴屋自動車と改め、本店を戸塚町に移した。戦時中の一九三九（昭和十四）年六月には中央相武自動車を吸収して東海道乗合自動車となり、さらに合併を進めて神奈川中央乗合自動車となっていく。現在の神奈川中央交通である。

しかし、第二次大戦中の戦局の悪化とともにガソリンの使用が制限されると、バス発達のあゆみは停滞してしまう。本格的なその発達は戦後を待たなければならない。

第三章　大ターミナルとなる三代目横浜駅

「新大横浜市全図」部分　1937年　著者所蔵

（一）横浜の鉄道網を決定した震災復興事業

■震災復興都市計画

関東大震災の発生した一九二三（大正十二）年九月、政府はただちに後藤新平を総裁とする帝都復興院（後の内務省復興局）を組織し、復興計画の策定に着手した。横浜市へは内務省技師の牧彦七が後藤の斡旋《あっせん》で派遣され、同年中に計画が立案された。

「横浜都市計画案・牧案」と記された計画図（付図）には、街路や鉄道・軌道、運河、築港、公園、市場などが横浜の市街地に整然と配置されている。そして、被災した関内・関外地区の北側にあたる掃部山《かもんやま》（現在の西区紅葉ケ丘）の一帯には、中央公園の周囲に官公庁街とビジネス街を配した、横浜の新しい都心（「中心区」と表記されている）が描かれている。「牧案」は財政事情によって大幅な縮減がなされ、実現するのは一部に止まるが、横浜の震災復興のグランドデザインになった。

横浜周辺の鉄道網も震災をきっかけに大きく再編され、その復興を通じて今日の原型を築くことになる。「牧案」では、鉄道について、主に次の内容が盛り込まれていた。

（一）急曲線である東海道本線（神奈川〜程ケ谷駅間）のルートを直線化および高架化し、

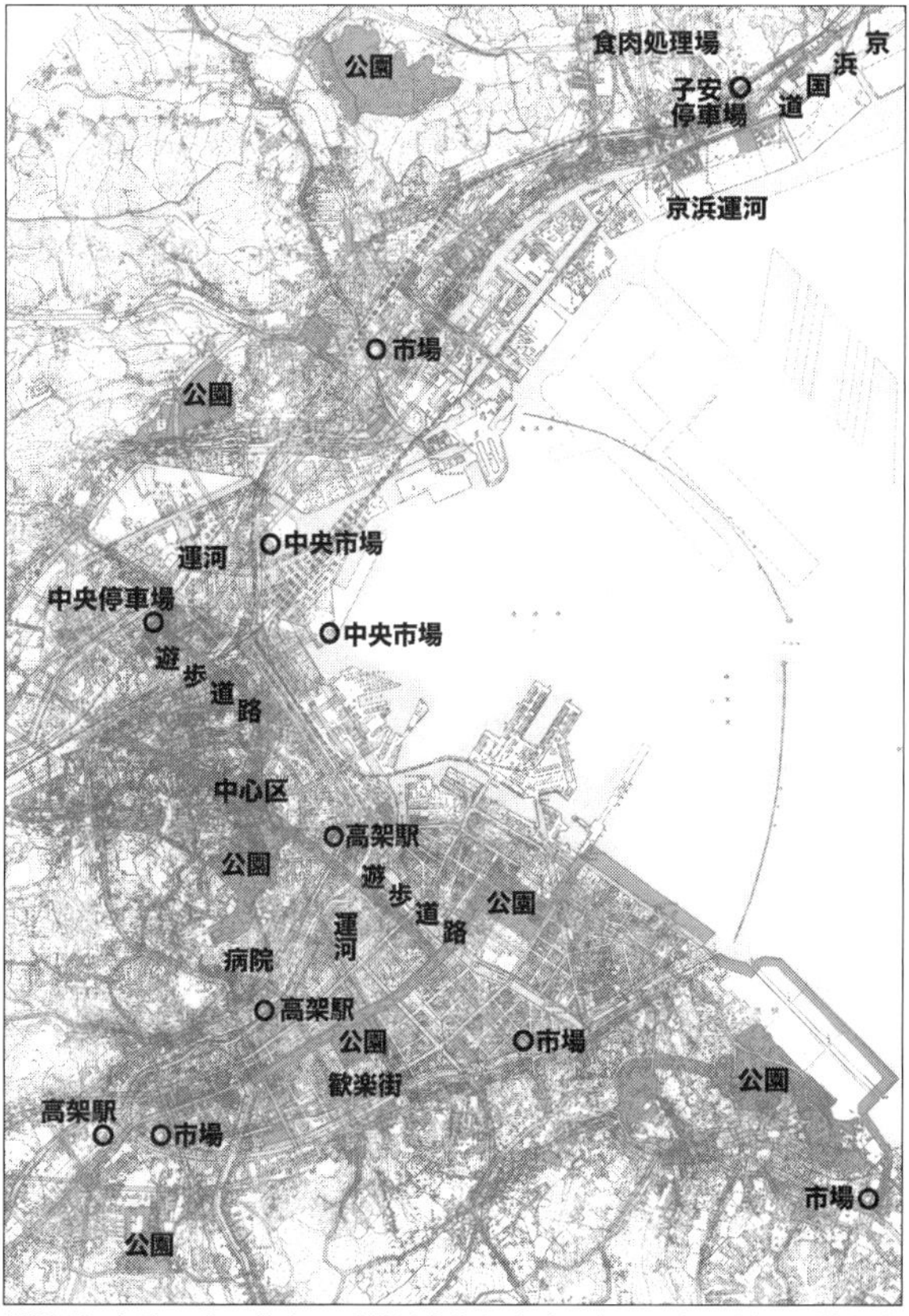

「横浜都市計画案　牧案」『横浜市復興会誌』（1927年）付図　横浜市中央図書館所蔵　著者加筆

横浜駅を高島町から旧・平沼駅跡へ移転、これを「中央停車場」とする。「中央停車場」は掃部山の「中心区」と幅50ｍの遊歩道路で結ばれる。

（二）横浜〜桜木町駅間の電車線路と、桜木町駅を廃止する。

（三）代えて「中央停車場」から御所山、伊勢山の地下を通過し、野毛町から高架式で杉田、湘南方面へ向かう新線を建設し、京浜線の省線電車を直通させる。

（四）東海道本線に子安駅を新設し、東神奈川駅に代えて、横浜線の接続駅とする。

（五）東横浜貨物駅を廃止し、高島貨物駅に機能を集約させる。

（六）京浜電気鉄道の横浜市内区間（子安〜神奈川駅間）を廃止、もしくは高架化あるいは地下化する。

これらは主管官庁の鉄道省との調整がなされた上での案とは限らないが、横浜市に特別都市計画法が適用されたため、復興院に諮問《しもん》機関として特別都市計画委員会が設けられた。その会議の記録から、鉄道省においても（一）と（二）の通りに検討が進められていたことが明らかである（ただし、高架化には言及していない）。

うち（二）は、該当区間が横浜市電と並行するためだが、これにともない、桜木町駅から大岡川沿いに程ヶ谷駅方面へ進められていた延伸工事も中止（廃止）するとした。その代替路線となる（三）については、検討がなされた形跡が見当たらない。いずれも横浜周辺の局地交通であり、国有鉄道の担う役割でないと判断したのだろう。(四)〜(六)についても、実際にどこまで検討がなされたかは不明である。

鉄道省の案を受けて横浜市は、桜木町駅への線路を廃止することに激しく反発した。そこで復興院を加えて三者の協議が実施される。最終的に一九二四(大正十三)年二月、特別都市計画委員会横浜之部特別委員会において、東海道本線の線路移設は案の通りとするが、桜木町駅と、同駅までの京浜線(省線電車)の運転は存続することが決定した。

よって、東海道本線のルートは、明治末期に一時的に使用された平沼短絡線のそれが復活し、「中央停車場」、つまり新しい横浜駅は、旧・平沼駅から少し位置がずれて、東海道本線の神戸方面と桜木町方面の分岐点に設置されることになった。そして、一九二五(大正十四)年五月、鉄道省と復興局、横浜市との間で鉄道関係会議が開始され、計画が具体的に進められていく。

■三代目横浜駅の開業

震災から五年間、横浜駅は仮設の駅舎で営業が続けられていた。屋根を焼失したものの、焼け残った外壁や骨組みを利用して、応急の工事が行われたのである。移転先が決定して、三代目となる新しい横浜駅の建設工事が始まったのは一九二七(昭和二)年五月頃。同じく駅舎を焼失し、存続が決まった桜木町駅には、同じ頃すでに新しい駅舎が完成した。

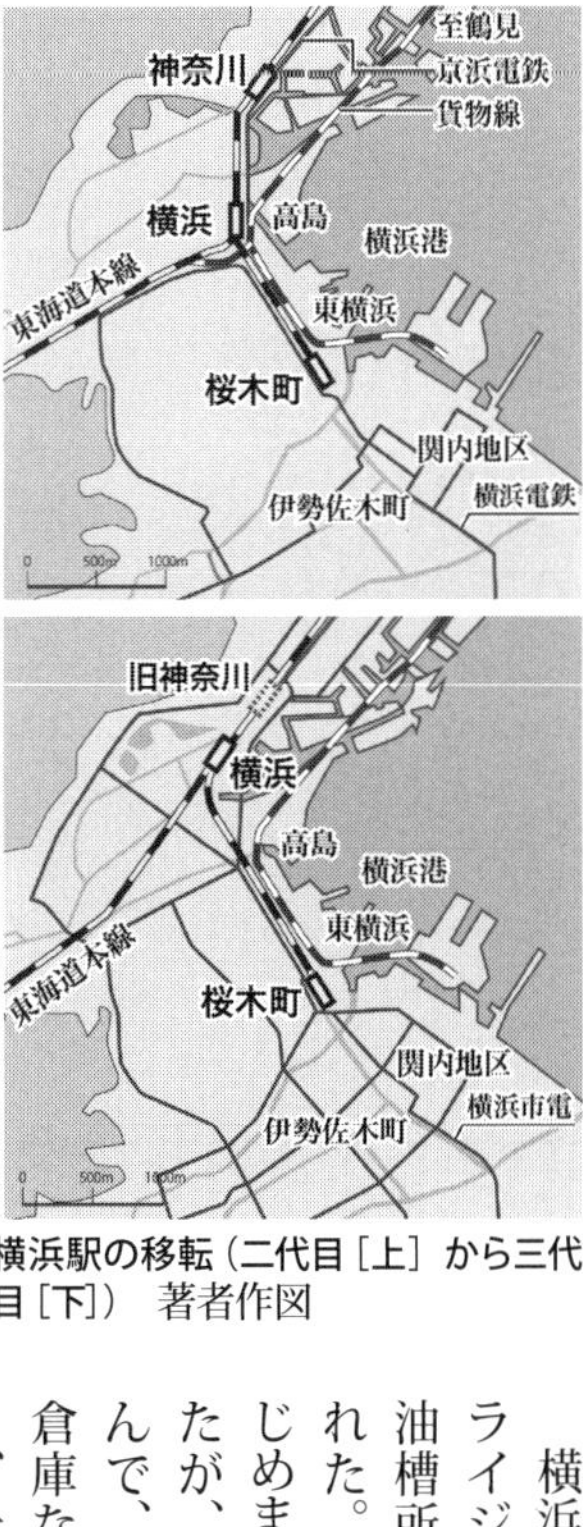

横浜駅の移転（二代目［上］から三代目［下］） 著者作図

横浜駅の移設先の敷地は、ライジングサン石油会社の油槽所の跡地などが活用された。一帯は明治時代のはじめまでは内湾（入江）だったが、徐々に埋め立てが進んで、大正時代には工場や倉庫などが集まるようになり、一部にまだ海面も残っていた。ライジングサン石油の他、米国のスタンダード石油の油槽所が並んでいたが、これらは震災で激しく炎上する。その後、再建されることなく、跡地が空地や資材置き場のまま残されていたのである。

一九二八（昭和三）年十月、平沼短絡線の跡地を利用して東海道本線の移設が完了し、神奈川区高島町六丁目（現・西区高島二丁目）に三代目の横浜駅が竣工した。現在の横浜駅の場所である。横浜市の中心に位置する吉田橋から、二代目の駅よりも遠ざかり、約2・5㎞の距離となった。表側（東口）の駅舎は鉄筋コンクリート造りの二階建てで、当時としては壮大な建

完成した三代目横浜駅（絵葉書）　昭和初期　著者所蔵

物だった。『横浜貿易新報』は「東洋一の新横浜駅」「大横浜文化の大玄関」などの見出しでその開業を報じ、「巨額の工費と新様式の設計になった理想的なステーションの事とて、東京駅のやうな重苦しさもない」と、大正時代のレンガ造りと異なる、昭和時代の新しい駅の印象を記している。

ただし、全ての工事が一度に完了したわけではない。大正時代から省線電車が走る京浜線は、桜木町駅へ向かう高架線路の工事が駅舎の完成に間に合わず、新駅開業後もしばらくは、駅前に残された旧線路をそのまま走っていた。そのホームは駅の構外に仮設で置かれるかっこうとなった。

京浜線の構内ホーム（三、四番線）が完成するのは一九三〇（昭和五）年一月である。三代目駅前の仮設ホームとともに、二代目駅跡には「高島口」という駅名で京浜線のホームが残されていたが、いずれも撤去された。

なお、三代目横浜駅の開業と同時に、鉄道創業より存在した神奈川駅が、反対の声もあったが、廃止されることになった。駅舎は関東大震災による被害を免れたものの、新しい横浜駅までわずか500mほどの至近距離となるからである。

つまり、横浜駅は旧来の「神奈川」へ移設されたということができる。「横浜」と名乗る駅は、明治・大正・昭和の時代を通じ場所を三つ変えながら、港町の横浜を順次離れて、江戸時代の宿場町の神奈川へ移ってきたのである。陸上交通の要衝は、近代になって鉄道のターミナルというかたちに変わっても、結局はもとの要衝の神奈川へ戻ってきたわけである。

■道路整備と横浜市電の路線網拡充

さて、「横浜都市計画案・牧案」は大幅に縮減されたが、震災復興への都市計画事業によって、横浜の市街地には土地区画整理が施され、今日も使用される広幅員の街路が縦横に整備されていった。京浜国道（現・第一京浜）を含め、東海道（国道一号）の鶴見から保土ヶ谷までの区間が、拡幅や移設がなされて、供用を開始したのを筆頭に、関内地区から羽衣橋を渡り、関外地区（伊勢佐木町から南吉田町などにかけての一帯。かつての吉田新田）を貫いて弘明寺町に至る国・県道（横須賀街道、鎌倉街道）、尾上町や本町、本牧、野毛坂、久保山などの通りがそれである。

震災以前は、狭い未舗装の街路に歩行者と自転車、荷車、自動車などが行き交い、路面電車も軒先をかすめ走行していたが、街路は拡幅・舗装されて車道と歩道が完全に分離し、その中央に路面電車（市電）のレールが配置された。横浜市電は、震災前から進めていた間門や磯子・杉田などへの路線の建設工事が一九二四（大正十三）年から再開しただけでなく、これら震災復興都市計画道路の整備によって、既設線路の改良や新線の敷設が進められた。その路線網は一九二七（昭和二）年から三〇（同五）年の間、急速に拡張していく。

例えば、神奈川駅（青木橋）や高島町交差点、馬車道・尾上町、阪東橋の付近などで、旧道から新道へのレールの移設が行われた。また、本町線や花園橋線、長者町線、日の出町線などが新しく開通し、関内・関外の市街地には縦横に線路が張りめぐらされた。そして、杉田、保土ケ谷、浅間《せんげん》町（洪福寺前）、六角橋、生麦の各方面へ、新しい郊外路線を延伸させた。これらは主に、新規に開削した都市計画道路（国・県道等）の路面にレールを敷設した。

こうして市電の路線網は、総延長が震災前の二倍以上の46・4㎞となった。路線の総延長は戦後、5㎞ほど伸びるだけなので、「市民の足」として最大限に利用されることになる市電は、震災復興によってほぼ完成したと言える。また、一九二八（昭和三）年十一月には横浜市営バスも営業を開始した。三ツ沢や根岸台などの丘陵地、子安・鶴見の工場地帯など、市電の路線

横浜市電のチラシ　「横浜の海水浴へ」（1932 年）　横浜市中央図書館所蔵

網が及ばない地域をカバーした（第二章コラム参照）。

一九三一（昭和六）年四月、横浜市電気局は、前年度をもって市電の震災復興が完成したことを市民に向けて宣言している。だが、一九三〇年代に入ると、国内の経済不況に加え、自動車の登場などの影響で、市電の利用客数は減少をたどっていた。電気局は同時に今後のサービスの向上もうたい、増収のためのさまざまな事業を展開することになった。

例えば、沿線の本牧・根岸・磯子の海岸へ積極的な宣伝によって行楽客を誘致した。特に夏季の海水浴客は、震災以前の横浜電気鉄道の時代から貴重な収入源であり、連日利用できる児童用の海水浴乗車券や、海水浴場入場券付きの他社との連絡割引乗車券なども販売した。また、天井を外した「納涼電車」を走らせ、海岸での花火大会や潮干狩り、横浜公園での盆踊りなどのイベントも電気局が主催した。

一九三四（昭和九）年には女性車掌をデビューさせ、一九三六（昭和十一）年に運用を開始した1100形車両はクロスシート（二人掛け）を備え、「ロマンスカー」として親しまれた。

一九三七（昭和十二）年七月に日中戦争が始まると、これらの集客事業は中止されるが、その経営事情とは裏腹に一九三〇年代、横浜市電は最も華やかな時代を迎えるのである。

■郊外の形成と横浜市域の拡張

震災復興が進む一九二七（昭和二）年四月、横浜の市域拡張（第三次）が実施された。そのエリアは、一九一九（大正八）年に着手された横浜都市計画の施行区域をもとにしたもので、都市計画区域は吉田橋を基点とした円状に、市域外も含めて設定されていた。

市域の拡張にあたっては、鶴見町や保土ケ谷町のようにすでに市街地が連続していた地域はもちろんだが、綱島や小机、西谷、日野、杉田などの地区を含む、橘樹郡と久良岐郡の村々が市内に編入された。その大半は農地や山林だったが、近い将来に都市化されると目されていた。これによって面積は三倍以上の約130㎢となり、人口も五十万人を突破。市域は一九二七（昭和二）年十月、鶴見・神奈川・中・保土ケ谷・磯子の五つの行政区に分けられる（区制の施行）。（口絵P11参照）

こうした「大横浜」の建設が、震災復興に続いて横浜市が掲げた政策のビジョンであり、市域の大拡張はその大きな柱の一つだった。なお、「大横浜」という呼称はこの頃、大いに流行し、実業関係の雑誌や市販の地図、観光用の絵葉書などのタイトル（商品名）として、広く頻繁に用いられた。

とはいえ、市電の路線網が張りめぐらされたのは、主に既成の市街地である。それはほぼ拡張以前の旧市域だった。港湾や工場の労働者、関内・伊勢佐木の事務所や商店に勤める中間層など、震災後も市民の居住地は多くが旧市域に限られ、市内交通の主力は依然として市電だった。桜木町駅より京浜線の省線電車を利用し、中区から東京のビジネス街へ通勤をする人も戦前から存在したが、それは一〇〇〇人程度に過ぎない。通勤・通学や商用、買い物など、たいてい人々の日常の生活圏は、まだ市電の路線網でカバーされる範囲で完結していたのである。

それでも、編入されて間もない新市域に、一部で旧市域から市街地が拡張し、また、郊外住宅地の開発が散見されるようになると、居住人口の増加が徐々に始まる。省線電車はもちろん、市電の線路がほとんど通っていない、それらの地域の交通を担ったのは、主に新興の私鉄の郊外電車だった。

（二）私鉄・高速郊外電車の横浜市内乗り入れ

■郊外電車のターミナル

大正末期から昭和初期にかけて、日本国内の大都市周辺では、郊外の新しい交通機関として私鉄の高速電車が発達する。東京や横浜ではそれがちょうど関東大震災からの復興期に重なった。すでに京浜間には明治末期から京浜電気鉄道の低速（路面）電車が走っていたが、それが高速化し、また、新規に高速電車の路線が建設されて、現在の京急・東急・相鉄の私鉄の路線網が震災復興の時期に形成された。

三代目の横浜駅の大きな特徴は、それら私鉄の高速電車の線路が、横浜の郊外から次々と集まり、そのターミナルとなったことである。私鉄の各社が設立されて路線の建設が計画されたのは、主に関東大震災以前だが、震災でいったん頓挫し、震災後に一気に建設ラッシュを迎える。同じタイミングで鉄道省は横浜駅の移転工事を行ったため、鉄道省の意向もあり、各社は容易に乗り入れることができた。現在、日本最多の鉄道事業者の集中する横浜駅の原点はここにある。省線の震災復興と私鉄の企業勃興が重なった結果、国・私鉄の集中する大ターミナルが誕生したのである。（口絵P16参照）

各社の乗り入れ工事は、一九二八（昭和三）年からの五年間に続々と完成を見た。だが、決して一筋縄に進んだわけではない。最終的に鉄道省の指示や横浜市の都市計画との調整を受けて、全社の路線が横浜駅に集まることになったが、各社は着工に至るまでに、横浜市内のどこに起点・終点を設けるかで紆余曲折を経ている。ルートをめぐっては会社間の対立もあった。

以下ではその歩みを各社別に、国立公文書館に所蔵されている『鉄道省文書』などをもとにしながらたどってみよう。

■最古のインターアーバン京浜電気鉄道

第一章で述べたように、京浜電気鉄道は日本最古級の都市間電車（インターアーバン）であり、郊外電車である。明治末期より神奈川と品川の旧宿場町を結び、起点と終点の両駅でそれぞれ東京と横浜の市電に連絡した。ほとんどの区間は専用のレールを走ったが、蒲田付近など一部区間は、大正末期まで京浜国道（東海道、旧・国道一号）上の併用軌道だった。

関東大震災のすぐ後、一九二三（大正十二）年九月、京浜電気鉄道は「都市復興ニ付請願書」と題し、「我社京浜本線ノ両終点ヲ更ニ両市ノ中心ニ向テ延長布設スルコト」の許可を求め、内務省に請願書を提出する。終点の神奈川駅から岡野、平沼、戸部、日ノ出町を通って長者町への延伸を企て、一九二四（大正十三）年十月に横浜市の中心部へ路線延長の免許を取得した。

当初は（三代目）横浜駅に乗り入れる予定でなかったが、一九二六（大正十五）年九月にルートの変更が許された。省線の京浜線の構内ホームが工事を完了した翌月の一九三〇（昭和五）年二月、神奈川駅から線路を延伸し、横浜駅の構内にホームを設けて乗り入れた。相応の負担を鉄道省から課された上で、京浜電気鉄道は東口駅舎と省線ホームの間に割り込んで地上ホームを設けることができた。番線は省線と連番で、かつ最も若い数字の一、二番が与えられた。

高速電車化を進めた京浜電気鉄道はその後、後述の通り、湘南電気鉄道と接続するため、一九三一（昭和六）年十二月に横浜駅から日ノ出町駅まで線路を延伸する。そのルートは当初、平沼付近まで東海道本線に並行して線路を配置する予定だったが、横浜駅を出てすぐに、東横電鉄の高架線の上を越える工事が難しく、結局、急カーブで南下して京浜東北線と東京横浜電鉄の下をくぐる、現在と同じルートになった。

■電鉄経営のビジネスモデルとなった東京横浜電鉄

京浜電気鉄道に先立ち最初に横浜駅への乗り入れ工事を完了した私鉄は、東京横浜電鉄（現・東急電鉄東横線）だった。

その始祖は渋沢栄一によって設立された、土地開発事業者の田園都市株式会社である。同社は大正時代、まだ東京市外で、荏原郡に含まれる農村地帯だった洗足《せんぞく》地区と多摩川台地区（後の田園調布）などで、住宅地の分譲を開始した。これらの「田園都市」と東京市とを結ぶ交通手段として一九二三（大正十二）年十一月、目黒蒲田電鉄が目黒〜蒲田駅間に全通した。そして、この目黒蒲田電鉄の支援で、武蔵電気鉄道が社名を「東京横浜電鉄」に改めて（一九二四年）、着工にこぎつける。

武蔵電気鉄道は一九〇八（明治四十一）年に豊多摩郡渋谷町広尾（天現寺橋）と平沼駅（横浜市）との間に路線の敷設免許を取得しながら、実現に行き詰まっていた。打開のきっかけは鉄道官僚出身の五島慶太に経営を委ねたことで、五島は目黒蒲田電鉄の経営にもたずさわり、両社は姉妹会社となった。

一九二六（大正十五）年二月に東京横浜電鉄は丸子多摩川（現・多摩川）〜神奈川駅間がまず開通し、丸子多摩川駅で目黒蒲田電鉄に接続した。そして、翌年八月に渋谷駅から丸子多摩川駅までの区間を開通させ、神奈川駅までを全通させた。

この東横電鉄の開通は、多摩川を越えた神奈川県にも、新丸子や日吉、綱島、菊名などの「田園都市」を誕生させた。沿線の郊外に住宅地を造成して利用客を増やすことは、目黒蒲田電鉄と東京横浜電鉄が先がけとなり、新興ビジネスだった電鉄経営を成功させるための常とう手段となっていく。（口絵P12—13参照）

■難航する横浜進出

さて、神奈川駅から先の横浜市内では、平沼駅廃止にともなって終点を変更し、高島町二丁日の二代目横浜駅の付近に終点を設ける予定だった。ところが、鉄道省が横浜駅を移転することになったため、工事が難しくなった。五島は『当社ノ神奈川横浜両駅間免許線建設ニ付キ識者ノ厳正ナル批判ヲ仰ク』（一九二六年）という冊子を作成し、「震災ニ逢ヒ当社ニハ何等ノ交渉ヲ為サス突如トシテ平沼線ヲ復活シテ之ヲ東海道本線ト為シ」横浜駅を移転するのは、「当社ノ現横浜駅ニ至ル免許線ノ工事ヲ不能ニ陥レ〔中略〕ムトス之レ民業圧迫ト云フモ誹謗《ひぼう》ニアラズ」と、鉄道省を強く非難した。

鉄道省は、東横電鉄が横浜駅の裏側（西口）に入ることを要望していた。しかし、五島は「当社ノ電鉄線路ヲ新横浜駅ノ裏ニ接続セシムルコトハ当社ノ市内延長線計画ヲ不能ナラシムル」ので、絶対に認めなかった。東海道本線の線路に阻まれて、終点の予定の高島町二丁目まで到達できないからである。一九二七（昭和二）年一月、東横電鉄は「新横浜駅ニ連絡設計承認ノ件」と題し、鉄道省に陳情を行った。神奈川駅寄りで東海道本線（列車線）を乗り越え、同線と京浜線（電車線）の間に割り込んで地上ホームを設ける案や、高架ホームを京浜電気鉄道よりも表側（東口寄り）に設ける案など、横浜駅への自社線路の有利な乗り入れ方法を提案し、変更を求めたのである。

しかし、一九二七（昭和二）年十二月、結局それらは認められず、横浜駅の裏側に高架ホームを設置し、東海道本線を高架で乗り越えることになった。そして、一九二八（昭和三）年五月、東京横浜電鉄は神奈川～横浜～本横浜（二代目横浜駅付近。ただし、八月まで駅名は「高島」）駅間の高架線路を、省線の三代目横浜駅の開業より五カ月ほど早く開通させたのである。

その後、終点の本横浜駅は一九三一（昭和六）年一月に「高島町」駅と改称され、翌三二（同七）年三月、高島町駅から桜木町駅までの延長線が完成する。ただし、そこに至るまでにも、京浜電気鉄道、そして湘南電気鉄道との激しい確執があった。（口絵P14—15参照）

■ルート選定で紆余曲折の湘南電気鉄道

湘南電気鉄道（現・京急電鉄の横浜市以南）が線路敷設の免許を取得したのは、一九二三（大正十二）年八月である。もともと横浜市蒔田町を起点にして横須賀、三崎、逗子、鎌倉など、三浦半島一円に線路を伸ばす予定だった。蒔田町を起点にしたのは、桜木町駅から大岡川に沿って省線電車の京浜線の延長工事が程ヶ谷駅へ抜けるべく進められており、これに連絡する事ができたからだ。（口絵P14—15参照）

ところが、直後の九月に起きた関東大震災で、省線の延伸計画が廃止されることになる。起点駅での連絡相手を失う湘南電気鉄道は、その決定に先立つ一九二三年十二月、「仄《ほの》かに承り候処に依れば今回の震火災に付き〔中略〕御施行中の横浜市桜木町より同市黄金町蒔田町を経て保土ヶ谷に至る電車線延長工事は御廃止」になるとのことで、そうすると「私共発起の湘南電気鉄道の起点は全く連絡を欠き無意味のものと相成候」として、桜木町駅から蒔田町までの線路予定地の払下げを鉄道省に請願した。

そして、省線の計画廃止が決定すると、大岡川に沿って桜木町駅まで乗り入れるべく、次々に申請を鉄道省に行っていく。一九二六（大正十五）年四月、「蒔田町ハ横浜市ノ西南端ニ位シテ高速度鉄道ノ使命タル都鄙《とひ》連絡ノ実果ヲ挙クルコト充分ナラサルノ惧《おそれ》有之候ニ付既免許線ヲ横浜市商業中心街区タル長者橋迄延長」することを申請。さらに十一月、やはり「同社ノ使命トスル高速度都鄙連絡ノ実ヲ挙ケントスル」ために、「同社敷設起点ヲ更ニ横浜市ノ中心地タル省線桜木町駅ニ移」すことを申請した。

これに続けて一九二七（昭和二）年一月には、桜木町駅から省線の海側を通り、建設中の三代目の横浜駅まで延伸を申請した。当初はこのルートで横浜駅にて京浜電気鉄道と接続しようとしたのである。震災後、起業が危ぶまれた湘南電気鉄道は、安田財閥の傘下に入り、同じく安田の資本系列にあった京浜電気鉄道と関係を深めていたのだ。

しかし、東京横浜電鉄はすでに一九二六（大正十五）年七月、高島町〜桜木町〜（弘明寺付近）〜鎌倉間の線路敷設を申請し、それを阻止しようとしていた。もともと東横電鉄も湘南電鉄に接続し、三浦半島への乗り入れを画策していたようだが、それが難しいとわかるとすぐに自社線での延伸に切り替えたのである。両者はルートがほとんど重複しており、京浜・湘南と東横の両電鉄グループが完全に競合するかたちになった。

結局、鉄道省は一九二七（昭和二）年十二月、高島町〜桜木町駅間は東京横浜電鉄に免許を与え、湘南電気鉄道の申請を却下した。東横電鉄が一九三二（昭和七）年三月に渋谷〜桜木町駅間を全通させるのは、先述の通りである。一方、桜木町以西は東横電鉄の申請が却下され、湘南電気鉄道に免許が下りた。つまり、湘南電鉄は桜木町駅を起点にして、三浦半島に路線網を築くことになったのである。一九二八（昭和三）年十一月には、桜木町駅から蒔田町までの線路予定地が鉄道省より払下げられた。

そして、一九三〇（昭和五）年四月、黄金町駅を暫定的な起点とし、浦賀駅までの本線と、途中の金沢八景駅から湘南逗子駅までの支線を開通させた。

■「京浜・湘南電車」の直通実現へ

本来はこれに続けて、黄金町駅から桜木町駅まで延伸するはずだった。だが、省線の桜木町駅への乗り入れがすぐには困難と判断したのだろう。その途中の日ノ出町で、京浜電気鉄道の横浜駅から長者町への延伸予定線（ただし、日ノ出町〜長者町間は一九二七年十二月に免許失効）と交差することから、ここで京浜・湘南の両社の線路をつなげることになった。

　ちなみに日ノ出町周辺には、横浜市電の日の出町線が一九二八（昭和三）年から翌年にかけて開通。一九二七（昭和二）年元日の『横浜貿易新報』によると、横浜市長の有吉忠一《ちゅういち》は、日ノ出町にできる新駅が横浜駅と並ぶ「ユニオンステーション」（総合駅）となるよう、関係者にはたらきかけていたようである。

　こうして一九三一（昭和六）年十二月、横浜〜日ノ出町〜黄金町駅間の連絡線が開通する。前区間を京浜電気鉄道が、後区間を湘南電気鉄道が建設した。ただし、両社は湘南が１４３５㎜（標準軌）、京浜が市電と同じ１３７２㎜で、軌間（レールの幅）が異なっていた。この連絡線は予め１４３５㎜の軌間で建設されたので、しばらく湘南電鉄の車両が横浜駅の京浜電鉄ホームまで乗り入れるかたちとなったが、一九三三（昭和八）年四月、京浜の軌間が湘南と同じ１４３５㎜に改められると、品川駅から横浜駅、日ノ出町駅を経て浦賀駅まで、両電鉄の直通運転が実現する。これが戦後、京浜急行電鉄の本線となる。

　なお、残された桜木町駅〜日ノ出町間については、湘南電気鉄道は何度か工事の延期願を出しているが、結局、着工することはなかった。一九三四（昭和九）年九月に中止が決定し、免許が返上された。横浜の中心部近くに日ノ出町駅を設け、京浜電鉄を介して横浜駅に直通することができたため、桜木町駅で省線や東横線と連絡する必要性はもうなかった。三年後の八月、

湘南電車のチラシ　「春の行楽は京浜湘南沿線へ」京浜電気鉄道・湘南電気鉄道（1933年）　横浜都市発展記念館所蔵

今度は東京横浜電鉄が桜木町駅から日ノ出町駅までの線路の延伸を出願するが、結局、実現することはなかった。

さて、開業後の湘南電気鉄道は、当時の人気の鳥《ちょう》瞰《かん》図《ず》絵師・吉田初三郎に「湘南電鉄沿線名所図絵」（一九三〇年）の描《びょう》画《が》を依頼したのを手始めに、ユニークな印刷物を数多く作成して誘客に努めた。郊外電車の大型化・高速化・長距離化の先駆けとなり、「モダン電車」ともてはやされた自慢の車両（デ1形）をモチーフとした豪華なパンフレットをはじめ、屏風浦や富岡の海水浴場、弘明寺や杉田梅林、鷹取山（湘南妙義）など、沿線の行楽地や名所を紹介するチラシが枚挙にいとまない。

また、それまで陸路での行き来が不便だった久良岐郡金沢町に、金沢文庫駅と金沢八景駅という旧跡や故事にちなんだ名称の駅を並べ、鎌倉・江ノ島に続く観光地への引き上げをはかった。

■郊外電車として機能した神中鉄道

最後に横浜駅に乗り入れたのは、現在の相模鉄道の前身で、神中《じんちゅう》鉄道である。

一九一六（大正五）年八月、東海道本線の程ヶ谷駅の付近から、高座郡海老名村までを結ぶ神中軌道の敷設特許が下された。一部区間で県道の路上を走る蒸気軌道として建設が予定されていたが、一九一九（大正八）年五月、専用のレールを走る鉄道への変更が認められ、神中鉄道と改めた。途中、橘樹郡保土ヶ谷町の元町、都筑郡二俣川村の今井や二俣川（字名）が経由地で、現在の保土ヶ谷バイパスに近いルートが予定されていた。「神中」とは神奈川の中央を意味し、終点の海老名村の相模川をはさんだ対岸に、神奈川県中央部の主要都市の愛甲郡厚木町が位置した。

だが、着工の直前に発生した関東大震災を契機に、起点とルートの変更がはかられる。一九二三（大正十二）年十二月、「過般ノ大震災遭遇シ住宅工場等ノ倒壊又ハ烏有ニ帰シタルモノ夥多有之、種々調査ノ結果都筑郡二俣川ヨリ分岐シ帷子《かたびら》川ニ沿ヒ保土ヶ谷町下岩間ヲ経、横浜停車場ニ連絡スルニハ至極適当ノ時機ニ之有」として、省線の横浜駅に起点を置き、帷子川沿いに二俣川村二俣川を経て海老名村に至るルートに変更を申請したのである。程ヶ谷駅を起点から外したのは、省線電車（横須賀線）の運転開始にともない、程ケ谷駅には旅客列車（汽車）が停車しなくなる予定だったからと思われる。それでも鉄道省は、横浜駅の移転の可能性を考慮して、横浜駅から横浜市久保町までの区間は保留とし、一九二五（大正十四）年一月、久保町から二俣川までの免許を下した。

そして、一九二六（大正十五）年五月、まず二俣川駅から厚木駅（所在地は海老名村。現・JR厚木駅付近）までの路線を開通させた。なお、終点の厚木駅から、相模川を隔てた厚木町まで、無料の連絡バスを走らせた。

二俣川駅から横浜駅方面へは、一九二七（昭和二）年十二月に横浜駅（内海町）〜久保町間の免許を取得し、少しずつ部分開通を重ねていく。一九二六（大正十五）年十二月に二俣川駅から星川（現・上星川）駅まで、その翌年五月に北程ケ谷（現・星川）駅まで、そして一九二九（昭和四）年二月に西横浜駅（久保町）まで、一九三一（昭和六）年十月に平沼橋駅まで、という順である。念願の（三代目）横浜駅乗入れが完成するのは、一九三三（昭和八）年十二月のことだった。

こうして、省線・私鉄とも、震災復興事業に始まる横浜駅の全ての工事が終了する。東口の表側（海側）から順に京浜電気鉄道、国有鉄道の京浜東北線電車、同じく東海道本線の列車が地上ホームを並べ、東京横浜電鉄は西口の裏側に高架ホームを設けた。京浜電鉄も東横電鉄も

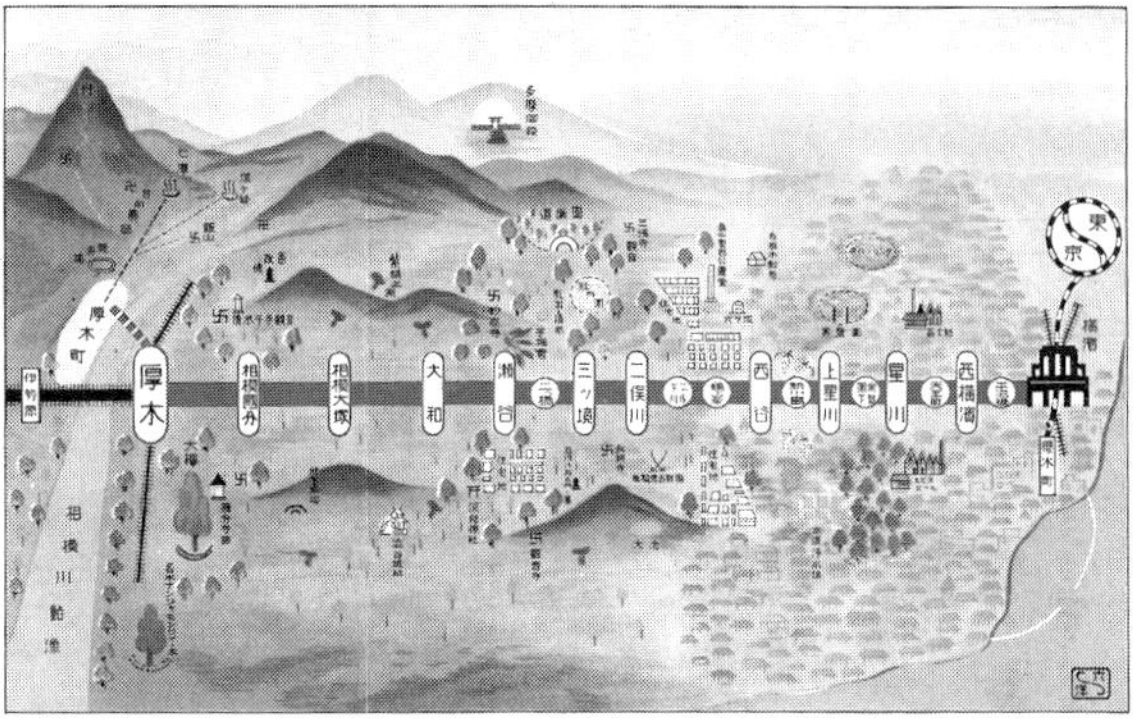

神中鉄道の沿線案内　「沿線案内　神中鉄道」（1933年頃）　横浜都市発展記念館所蔵

その利用客は、国有鉄道の設けた改札・集札口と構内の地下通路を通って電車に乗降した。

一方、最後に乗り入れた神中鉄道は、西口に独立した駅舎とホームを設けた。同社は相模川の砂利の採掘と輸送を最も重要な収入源とした蒸気鉄道だったが、沿線の保土ケ谷区では、帷子川沿いの低地に富士瓦斯《がす》紡績や大日本麦酒《ビール》など、早くから工場が多く立地し、一九三〇年代後半になると低地から高台にかけて郊外住宅地の開発も見られるようになった。非電化とはいえ気動車（ガソリンカー）が導入されて、昼間時間帯に横浜～上星川駅間（当時の横浜市域）で一時間三本程度の列車本数が設定された。神中鉄道は、電車ではなかったが、他の私鉄と同様に横浜の「郊外電車」としての役割を担っていたと言える。

ただし、経営はその後も決して芳しくなく、一九三九（昭和十四）年十一月に東京横浜電鉄の傘下に入った。それによって、戦時中の一九四二（昭和十七）年六月、横浜〜西谷駅間の電化が実現し、ようやく電車の運転が開始される。しかし、翌一九四三（昭和十八）年四月、同じく東横傘下《さんか》だった相模鉄道に吸収される。

厚木駅で神中鉄道と連絡していた相模鉄道は、一九二六（大正十五）年七月に茅ヶ崎〜厚木駅間を全通させ、やがて橋本駅まで延伸した。神中鉄道を吸収し、自社の神中線とした相模鉄道だったが、その翌一九四四（昭和十九）年六月には、本線にあたる茅ヶ崎〜橋本駅間が国有化の対象となり、国鉄の相模線として切り取られてしまう。

結局、相模鉄道に残されたもとの神中線だけが、半分ほどは武蔵国にまたがっているものの、「相模鉄道」の名のまま存続し、今日に至るのである。

（三）東京近郊の省線電車網と特急「つばめ」号

横浜駅の移転とともに、昭和初期には東京近郊の、特に横浜方面の省線電車網も充実を見せた。

■急行電車としての横須賀線電車

東海道本線の東京～国府津駅間と横須賀線（大船～横須賀駅）は、横浜駅移転前の一九二五（大正十四）年、電化工事が完成した。ただし、すぐに電車が運転を開始したわけではなく、電化区間には電気機関車が客車を引く列車が同年十二月に運転を開始した。50㎞を越えるような長距離区間での電車の運転は技術的にまだ難しかったのである。

横須賀線のほとんどの列車は大正時代より東海道本線に乗り入れ、東京駅を始発・終着としていたが、一九三〇（昭和五）年三月、まずそれらが電車化された。横須賀線（スカ線）電車の誕生である。これは翌月に開通する湘南電気鉄道に対抗する目的もあった。

横須賀線の電車は東京～横浜駅間では、東海道本線の列車（汽車）と同じく新橋、品川のみ停車。有楽町や大井町、川崎、鶴見など各駅に停車する京浜東北線電車が四十分を要したのに対して、東京駅から横浜駅まで二十九分で到達した。横浜～大船駅間は、東海道本線の列車は無停車となり、横須賀線電車が程ヶ谷（一九三一年に「保土ヶ谷」に改称）、戸塚の各駅に停車することになった。

朝夕十五分毎、日中三十分毎の頻発運転が実施され、東京〜横浜〜横須賀間の急行（快速）電車が誕生したと言える（横浜〜横須賀駅間は所要時間三十九分）。運転距離は62・4㎞、省線電車の運転距離としては当時最長で、その車両にはクロスシートや便所を備え、中距離電車（50〜100㎞程度の距離を走行する電車の通称）の元祖とされる。また、沿線の鎌倉や横須賀に居住する富裕層や高級軍人の利用が多く、二等車（現在のグリーン車）も連結された。

一方、各駅停車（緩行）の役割を果たす京浜東北線の省線電車は、大正時代より京浜線として、東京〜桜木町駅間で運転が始まった。その運転区間は、一九二五（大正十四）年十一月に東北本線の上野駅まで、二八（昭和三）年二月に赤羽駅まで、三二（同七）年九月に大宮駅までと順次延長されて、路線も「東北京浜線」「京浜・東北線」などと呼ばれるようになり、「京浜線」の呼称にこだわる向きもあったが、やがて「京浜東北線」の呼称が定着した。

京浜東北線と横須賀線をあわせ、横浜駅を発着する省線電車は緩行・急行の二本となるが、いずれも東京駅を中心に郊外へ伸びる路線だった（正式な線路名称はいずれも東海道本線）。次に登場するのが、横浜駅を中心に郊外へ向かう横浜線の省線電車である。

■横浜線の電化の沿線の変化

大正時代に国有化された横浜線は、東海道本線と中央本線を短絡する貨物列車が走り、神奈川県東部と多摩地方の農村地帯のローカル輸送を担う、単線の蒸気鉄道（汽車）だった。一九二七（昭和二）年に横浜市域が拡張されると、小机駅までが市内に含まれるようになる。すでに一九二六（大正十五）年二月には東京横浜電鉄が開通し、両線の交差部に同電鉄の菊名駅が開設されると、九月に乗り換え駅として横浜線の菊名駅も開業した。東横電鉄側は菊名駅を自社の住宅分譲地（港北区錦が丘）の至近に置きたかったが、貨客ともに横浜線との連絡に配慮し、位置を予定より北西へ３００ｍほどずらした。

そして、一九三二（昭和七）年三月、東横電鉄の渋谷～桜木町駅間が全通すると、それに対抗して、横浜線でも同年十月、京浜東北線電車用の線路に直通させて、桜木町～横浜～東神奈川～原町田（現・町田）駅間で電車運転を開始した。横浜線の原町田駅以東は、東海道本線の電気機関車の試運転のため、一九二五（大正十四）年にすでに電化されており、それが営業運転に活用されたのだ。単線ではあるが、運転本数も増え、郊外から横浜の中心部への通勤通学輸送を少しずつ担うようになっていく。

戦時下となった一九三九（昭和十四）年には、横浜市はさらに広域化され、現市域と同じになる。ただし、その大半は当時、田園・山林地帯であり、市北部は港北区として一括された。

『横浜市の近郊に住宅地を求めたい人々へ』（一九四一年）という横浜市の刊行物には、横浜線沿線は「延び行く横浜の新しい市域―港北区―に編入された近郊農業地帯」で、「嘗ては一日数回の慢行列車が走っていたこの横浜線も近年電化せられ、高速電車が走り〔中略〕此方面住宅地の発展に拍車をかける」だろうとある。（P137の図を参照）

すでに通勤通学客は増加しており、一九三八（昭和十三）年には電車の増発と、鴨居と十日市場に新駅の設置を求める運動が起きていた。横浜線の電車は一九四〇（昭和十五）年三月、京浜東北線の輸送力確保のため、桜木町駅への乗入れを中止し、東神奈川駅での始発・終着に打ち切られるが、翌年四月、八王子駅までの電化が完成。東神奈川〜八王子駅間での電車運転が開始された。

先の話になるが、その後の戦争末期には、横浜の中心部や工業地帯は空襲で大きな被害を受け、東神奈川駅も焼失する。終戦後、中心部の土地や建物、港湾施設が米軍に接収されると、子安から大口にかけての地区が神奈川区や港北区の中心的な商店街として発展する。伊勢佐木町や馬車道などの都心部の中心商店街が接収され、市街地周辺の商店街が繁盛したのである。

一九四六（昭和二十一）年十月、東神奈川〜菊名駅間の新駅設置の請願が市会より出された。すでに住宅地化が進み、戦前から設置を求める声はあったが、一九四七（昭和二十二）年十二月、それが実現して、大口駅が開業する。京浜電気鉄道の子安駅から第二京浜国道（国道一号）

を越えて形成された長大な大口通り商店街は、その末端に大口駅ができたことで、横浜線の沿線随一のにぎわいを見せた。

■桜木町駅からの省線延伸

桜木町駅から省線の線路を延長させようとする動きが起きるのは、震災復興が完了して間もない一九三一（昭和六）年頃からである。横浜市や有志の団体による働きかけが始まった。桜木町駅からの省線の延伸は、大正期の関東大震災以前に着工され、震災で廃止となったが、それとはルートが異なり、今回は桜木町駅から本牧町、あるいは山手町、根岸町へ延伸するというものだった。また、さらに伸ばして横浜市内を循環させる、などの案もあった。

一九三六（昭和十一）年四月、横浜市は「省線延長請願書」を鉄道省に提出。「東京桜木町間省線を横浜市芝生町海岸方面に延長敷設」することを求めた（磯子区芝生《しぼう》町は中区根岸町に西接）。その目的は沿線の住宅地開発と観光の推進だった。吉田橋、元町、根岸競馬場の付近などが途中の経由地として想定されていたようである。また、四年後に開催が決まっていた万国博覧会の会場の一つに、根岸湾の埋立地が予定されていた。

そして、一九三六年十二月の鉄道会議（政府の諮問機関）でこれが議題とされ、翌年、鉄道敷設法の改正において、「桜木町より北鎌倉に至る鉄道」が予定線として掲げられた。つまり、桜木町駅から根岸・磯子方面への線路の延伸計画が正式に決定したのである。

なお、終点が北鎌倉駅（実質的に大船駅付近）となったのは、横須賀線に直結させようとする鉄道省の意向による。横浜周辺の支線とするのではなく、京浜地区と軍都・横須賀との交通を補完する役割が期待された。

しかし、一九三七（昭和十二）年七月、日中戦争が勃発すると、戦時輸送との関連性が低いとして、結局、この延伸予定線も着工されないまま、計画が中断してしまうのである。

■特急「つばめ」号と横浜

三代目横浜駅の開業時の東海道本線では、国府津・小田原・熱海方面などの中距離区間は、主に電気機関車が客車を引く普通列車（一部に準急も含む）が、それ以遠の長距離区間については、蒸気機関車のけん引する特急・急行や普通の列車（汽車）が引き続き活躍を見せる。

東海道本線の主要駅のみ停車の急行列車は、全通（一八八九年）の数年後に登場し、一九一二（明治四十五）年、さらに停車駅を減らした、日本で最初の特別急行（特急）列車が新橋～下関駅間（東海道・山陽本線）で運転を開始した。新橋、平沼、国府津……の順に停車した。大正時代に東京駅と二代目の横浜駅が開設されると、停車駅は東京、横浜、国府津……となる。

一九二九（昭和四）年、特急列車の愛称が公募され、東京～下関駅間に走っていた二本の特急列車にそれぞれ「富士」号、「桜」号という愛称が付けられた。そして、一九三〇（昭和五）年十月には、東京～大阪駅間を当時最速の八時間二十分で結ぶ特急「燕」号が登場する（運転区間は東京～神戸駅間）。それまでは特急列車でも東京～大阪駅間で約十一時間を要した。「燕」号の運行には当時の日本の鉄道技術の粋を集め、一般に「超特急」ともてはやされた。

超特急列車
横濱停車を陳情
横濱實業組合聯合會から
明七日江木鐵相へ

鐵道省では近く來月にも高速度特別急行列車を運轉する運びとなつて居るが、六大都市中横濱驛のみは除外されて停車しない事になつて居ると傳へられて居る、斯くては獨り横濱市の

面目を 踏みにじるのみに止まらず、一大國港として渡來する外人旅客が益々多く、更に商工都市として内外人の往來も亦頻繁なものが有るのに、此れ等の人人が東京近郊又は經由するが如き

不便不 利を被る事にもなるが、此れは甚だ遺憾で水陸連絡の設備を充實してこそ國港たるの使命が果すを得べき立場に有るのであるから宜しく横濱にも停車するよう要望する聲が漸く高いに鑑み、今市七十四組合一万五千八百人を會員とする横濱實業組合聯合會では五日午前十時理事會を開いて附議した結果、休日明け

七日に 卜部會長が上京江木鐵相其他關係方面に陳情する事となつた

アダムス墓前祭

恒例に依り本縣では來る十四日午前十一時半横須賀市逸見町塚山公園にて英國大使其他朝野名士を招きウキリアム・アダムス夫妻の墓前祭を行ふ

超特急の横浜停車陳情を報じる記事　『横浜貿易新報』（1930年4月6日付）　横浜市中央図書館所蔵

計画段階で「燕」号は、東京駅から名古屋駅までの約３５０km以上を、異例の無停車で走行する予定だった。それを伝え聞いた横浜市の財界では、商工会議所や実業組合連合会などの団体が異を唱えた。六大都市の一つである横浜の面目がつぶれ、国際港で商工業都市である横浜

を行き来する多くの人が不便と不利益をこうむるとして、一九三〇（昭和五）年の正月から春にかけ、「燕」号の横浜駅停車を求める陳情を、国（鉄道省）に対して重ねたようである。

また、外国人観光客の誘致をはかる神奈川県でも、県に設置された「神奈川県外人招致委員会」が「高速度特別急行列車横浜駅停車方ニ関スル請願」として、「超特急列車ノ横浜駅停車ハ独リ内地人ノミナラズ外客ノ之ヲ利用スルモノ多カルベキ」と予想されるので、「広ク国際的見地ヨリ」横浜への配慮を欠かさぬよう求めている。

結局、四月頃には横浜が停車駅に加えられたようで、最終的に「燕」号の停車駅は東京、横浜、名古屋、京都、大阪、三ノ宮、神戸に落ち着いた（補助機関車連結などのための停車駅は他にあり）。

その後、東海道本線は一九三四（昭和九）年十二月に丹那トンネルが開通。国府津駅から御殿場駅経由で沼津駅に至っていたルートが、小田原駅から熱海駅、丹那トンネルを抜けて三島駅を経由するルートに改められた。約12㎞の距離が短縮され、御殿場付近での急こう配からも解放された。「燕」号の東京〜大阪駅間の所要時間は八時間となり、他の特急・急行列車も約三十分から四十分のスピードアップが実現する。

（四）京浜工業地帯と貨物鉄道の発達

■京浜工業地帯の誕生

京浜工業地帯とは、東京都の区部から川崎市、横浜市にかけての東京湾臨海部の工場群である。その始まりは大正時代、多摩川と鶴見川の河口にはさまれた沿岸部、現在の川崎・鶴見沖にできた埋立地である。実業家の浅野総一郎らによって、一九一二（明治四十五）年に鶴見埋立組合が発足。工場用地の造成を目的に埋め立て事業が開始された。組合はやがて東京湾埋立会社に改められる。

まだ水田が広がっている沿岸部の沖に現れた、この浅野埋立地にはすぐに日本鋼管や浅野造船所、浅野セメントなどの工場が進出し、操業を開始した。そこへの輸送手段として最初に開通したのが、国有鉄道の貨物線である。一九一八（大正七）年五月に東海道本線の川崎駅から新設の浜川崎貨物駅まで開通。浜川崎駅は日本鋼管の至近に置かれた。

関東大震災でいったん頓挫するが、埋立地造成の事業は継続され、大正末期にはライジングサン石油や米国のスタンダード石油、芝浦製作所や富士電機などの工場、東京電灯の発電所、三井物産の倉庫などが次々に進出した。埋立地は橘樹郡の田島町と潮田町にまたがって造成され、一九二七（昭和二）年、両町はそれぞれ編入されて、埋立地は川崎市と横浜市鶴見区にまたがるかっこうになった。そして、翌年に竣工する。

最初は京浜間に位置する、この浅野埋立地に形成された工場群を指して、「京浜工業地帯」という呼称が生まれた。

■浅野埋立地と鶴見臨港鉄道

さて、工業地帯が拡張されるのにあわせて、電気や水道などのインフラの整備はもちろんだが、さらなる輸送手段として、浅野は鶴見臨港鉄道を設立。一九二六（大正十五）年三月、浜川崎駅で省線に接続して、弁天橋駅までの貨物鉄道を開通させた。

また、工場労働者の通勤輸送を担う旅客用の交通機関として、一九二五（大正十四）年のうちに路面電車の海岸電気軌道が全通した。その区間は、京浜電気鉄道に当時あった総持寺駅から、大師線の終点の大師駅までである。もともとは京浜電気鉄道の支線として、海浜の遊覧を目的に計画された路線だったが、子会社として主に通勤用に誕生した。

次に登場したのが南武鉄道である。当初は多摩川で採取する砂利の輸送が主な目的だったが、やがて浅野財閥に属し、奥多摩地方で産出される石灰石を、立川駅から多摩川に沿って川崎町まで、セメントの材料として運ぶことが大きな狙いとなった。一九二九（昭和四）年十二月に

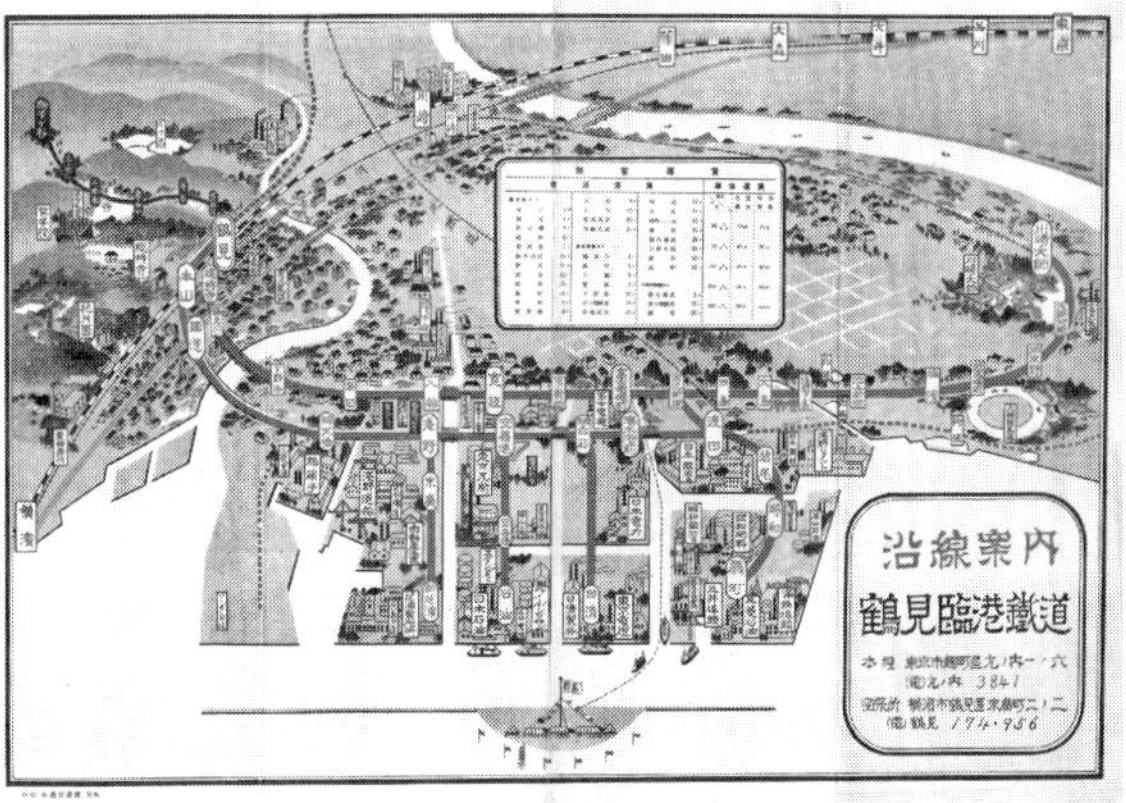

鶴見臨港鉄道の沿線案内　「沿線案内　鶴見臨港鉄道」（1935 年頃）
横浜都市発展記念館所蔵

川崎駅から立川駅までが全通し、翌年三月には尻手《しって》駅から浜川崎駅（旅客用は新浜川崎駅）までの支線も開通した。貨物が中心だが、旅客輸送も行ない、八丁畷《はっちょうなわて》駅では京浜電気鉄道と接続した。

同じく一九三〇（昭和五）年十月に、貨物鉄道だった鶴見臨港鉄道も電車での旅客輸送を開始する。線路を弁天橋駅から鶴見方面へ延伸し、当初は仮設の鶴見駅からだったが、一九三四（昭和九）年十二月に省線の鶴見駅への乗り入れを完成。鶴見駅から渡田駅を経て扇町駅までなどの区間で、労働者の通勤用に電車を走らせた。渡田駅で新浜川崎駅を発着する南武鉄道の電車にも乗り換えができた（両駅は戦時中の国有化により浜川崎駅に統合される）。

鶴見臨港鉄道は「つるりん電車」として親し

まれ、他に鶴見駅から獅子ヶ谷（鶴見区）への路線バスや、京浜運河の堤防の沖にあった扇島の海水浴場と、そこへ向かう遊覧船などの運営も手がけた。先に開業した路面電車の海岸電気軌道が完全に並行路線になってしまうが、一九三〇（昭和五）年三月に予めこれを買収し、鶴見臨港鉄道の軌道線とした。

海岸電気軌道は海岸電車として親しまれたが、その開通当時、電車で工場に通勤をする労働者はまだ少なかったようで、期待に反して経営はあまり芳しくなかった。結局、軌道線は一九三七（昭和十二）年十二月に廃止された。その跡地は産業道路と、戦時中に大師線の延長線や川崎市電の一部として活用される。

■新鶴見操車場から工業港横浜へ向かう貨物列車

横浜駅の移転にともない、東海道本線の旅客線だけでなく、貨物線についても大きな再編が行われた。一九二九（昭和四）年八月、品川駅と鶴見駅の間に通称・品鶴《ひんかく》貨物線と新鶴見操車場が完成し、鶴見駅以西には貨物用の複線が旅客線に沿って、横浜駅構内を通過するかたちで平塚駅まで増設された。東海道本線の新しい貨物線である（現在、品川〜大船駅間は横須賀線電車などが使用している）。これによって、高島〜程ヶ谷駅間の貨物線は、二代目横浜駅の駅頭を高架で通過し不評だったが、不要となり撤去された。

新鶴見操車場は、品川駅の操車場に代えて、東京における東海道本線の貨車の操車場として建設された。当時の橘樹郡日吉村の鹿島田から小倉《おぐら》（現在の川崎市幸区の鹿島田から小倉）に広がり、鶴見駅の北へ約５㎞に位置した。東北本線では田端操車場に代えて、大宮操車場が一九二七（昭和二）年八月に開設され、それぞれ日本最大級の規模を誇った。貨物列車は、貨車を一両ごとに行き先別に振り分け、連結して列車を編成するという、操車のための設備を必要とする。特にそれを専用に行う大規模な施設を操車場と呼ぶ。そこではハンプと呼ばれる坂の上から貨車を転がし、振り分けを行った。

生麦付近で東海道本線と分岐する臨港貨物線（高島線）には、高島～程ケ谷駅間の線路が廃止されたため、もっぱら新鶴見操車場からの貨物列車が進入することになった。

さて、昭和期以降、大規模な埋め立て事業が民間に認められることはなくなり、その主な担い手となったのは府県や市などの地方公共体である。一九三六（昭和十一）年、浅野埋立地から鶴見川をはさんだ生麦（鶴見区）と子安（神奈川区）の沖に、横浜市は市営埋立地（恵比須町・宝町・大黒町）を完成させた。そして、電気・ガス・水道などのインフラを整備し、優遇措置を与えて日産自動車や日本電気工業、小倉石油（戦時中に日本石油に併合）などを誘致した。この埋立地のための輸送手段として、すでに一九三四（昭和九）年三月に高島線の入江駅で分岐する新興貨物線が開通している。

市営埋立地は、浅野の埋立地に連続して京浜工業地帯を拡張し、また、工業の原料や製品を積んだ船舶が直接に接岸することができ、横浜港の区域に含められた。それは生糸貿易から始まる商業港としての横浜港に、工業港という性格を加えることにもなった。そして、東海道の新貨物線と、京浜工業地帯、横浜港に至る臨港貨物線が、新鶴見の貨物操車場を介して結ばれ、工業港・横浜を支える新たな貨物の鉄道網が築き上げられたのである。

（五）戦争・接収と横浜の鉄道

■戦時体制への移行

日本の鉄道は特に昭和初期、一九二〇年代から三〇年代にかけて、国鉄（省線）や私鉄、市電（路面電車）のいずれもが、内外の観光・行楽客の利用を積極的に推進し、増収をはかった。列車の増発から印刷物の制作まで、その施策は多岐にわたる。しかし、一九三〇年代にはすでに軍部の影響力は大きくなっており、一九三七（昭和十二）年七月の日中戦争の勃発を決定的な契機として、それら華やかな事業は一切、影をひそめる。代わって軍事物資や軍需施設等への勤労者の輸送が鉄道交通の中心的な役割となった。

政府は軍事上重要となる私鉄の国有化を進めた。例えば京浜工業地帯では、軍需産業を中心に生産高は大きく伸び、通勤する労働者の数も急増する。貨客の輸送に重要な役割を果たす鶴見臨港鉄道と南武鉄道は、いずれも国有化の対象となった。また、東海道本線と中央本線を連絡できる相模鉄道の相模線（茅ケ崎～橋本駅間）のように、貨物輸送において重要なバイパスとなるものもそこに含まれた。一九四三（昭和十八）年七月に鶴見臨港鉄道、四四年（同十九）年四月に南武鉄道、同六月に相模鉄道相模線が国有化され、順に国鉄の鶴見線、南武線、相模線となった。

もっとも、鶴見臨港鉄道では国有化の前年に、「川崎鶴見工業地帯交通調整ニ関スル考察」と題して、ある提案をしていた。それは貨物輸送は別として、川崎・鶴見周辺の旅客輸送については、国鉄ではなく、鶴見臨港鉄道と南武鉄道を合併させた地域独自の鉄道会社が担うべきという意見だった。

鶴見臨港・南武の両社の合併は実現しなかったが、戦時下の交通再編では私鉄同士の統合も進んだ。一九四一（昭和十六）年十一月には京浜電気鉄道が湘南電気鉄道を合併する。やがて、横浜市を含む東京市南西部から神奈川県方面の鉄道事業を一手に集約するのは東京急行電鉄だった。翌一九四二（昭和十七）年五月、東京横浜電鉄が京浜電気鉄道を小田急電鉄とともに吸収して同電鉄が成立した。戦後のそれと区別して、「大東急」という呼び方をすることも多い。

一方、省線電車では一九四三（昭和十八）年十一月、京浜東北線の鶴見駅と東神奈川駅の間に、京浜工業地帯の最寄り駅の一つとして新子安駅が開業する。並行する京浜電気鉄道への配慮から、京浜（東北）線には大正時代に開業して以来、駅が増設されることはなかったが、駅間が5㎞以上開いており、以前より神奈川区子安町付近に駅の設置を求める声は強かった。戦時中の通勤者の急増という事態を受け、これが実現したのである。もっとも、駅は東京急行電鉄品川線（旧・京浜電気鉄道）の新子安駅の至近につくられ、すでに地名としても定着していた「新子安」を駅名に採用した（同時に東京急行電鉄の駅は「京浜新子安」に改称）。

また、横浜市電においても、スピードアップと電力節約をはかるため、一九四〇（昭和十五）年八月から通勤時間帯を中心に、全ての電車が主要な停留場のみに停車する急行運転が導入された。戦時中に利用客数は急激に増加し、一九四四（昭和十九）年に戦後も含めた最高

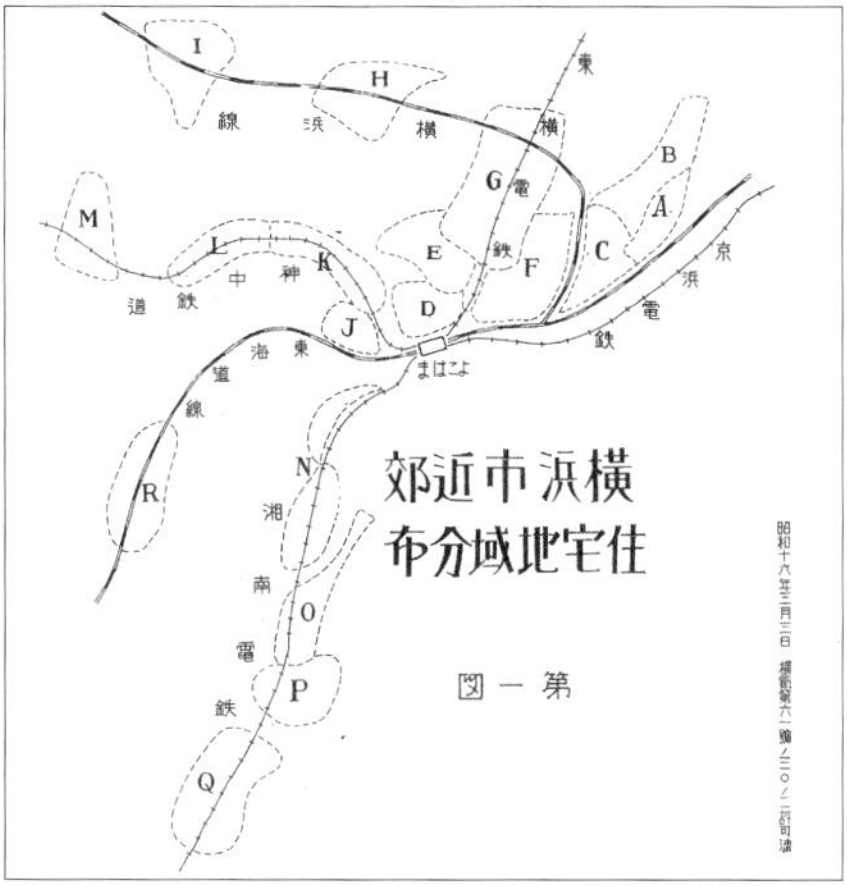

Ⓐ鶴見の高台、下末吉一帯への地域　Ⓑ東寺尾から三ツ池、梶山に亘る地域　Ⓒ新子安・子安・神ノ木一帯の地域　Ⓓ高島台・沢渡・浅間台・三ツ沢一帯の地域　Ⓔ旭ヶ丘・六角橋・神大寺に亘る地域　Ⓕ白幡・七島・子安大口の地域　Ⓖ菊名町一帯及び妙蓮寺附近の地域　Ⓗ小机一帯の地域　Ⓘ中山町一帯の地域　Ⓙ程ヶ谷高台一帯の地域　Ⓚ西谷・星川の地域　Ⓛ鶴ヶ峯から二俣川にかけての地域　Ⓜ瀬谷町一帯の地域　Ⓝ南太田・井土ヶ谷・弘明寺・最戸の地域　Ⓞ磯子山寄、中原、森、杉田へかけての地域　Ⓟ富岡町一帯の地域　Ⓠ金沢町一帯の地域　Ⓡ戸塚町一帯の地域

戦時下の市内鉄道沿線の住宅適地を示した地図
「横浜市近郊住宅地域分布」『横浜市の近郊に住宅地を求めたい人々へ』横浜市（1941 年）付図　横浜市中央図書館所蔵

値を記録する。同年八月には、並行する京浜電気鉄道の反対で頓挫していた、終点の生麦から鶴見駅前までの線路の延伸も行われた。やはり戦時の非常事態に実現したものだった。

郊外においても、戦時下の行政の効率化と防空の強化のため、鉄道の果たす役割が期待された。横浜市は金沢町（一九三六年）や日吉村（一九三七年）を編入した後、一九三九（昭和十四）年に川和町や山内村、二俣川村などを含む都筑郡のほとんどと、相模国である鎌倉郡のうち戸塚町や本郷村、瀬谷村などを編入し、面積は二倍超の約400㎢となった。現在と同じ範囲が市域となった（埋立地は除く）。新しい市域には港北区と戸塚区が設けられ、一部は既存の保土ケ谷区に含められた。全国でも最大規模の市域拡張で、当時としては異例の広大な市域となった。（口絵P11参照）

新市域の大半がまだ農地や山林だったが、省線の東海道本線（横須賀線）と横浜線、私鉄の東横・京浜・湘南・神中という各鉄道の沿線へ、都心部や臨海部に集まる軍需工場とその勤労者たちを分散させる計画だった。（前ページの図を参照）

■鉄道の空襲による被害

しかし、一九四五（昭和二十）年になると、都市も鉄道も米軍の爆撃にさらされ、機能はほとんど麻痺してしまう。五月二十九日の横浜大空襲では、市街地のほとんどが焦土と化し、被

大空襲直後の桜木町駅から中心市街地　1945年　米空軍図書館所蔵・横浜市史資料室提供

災者は手続きの上で無賃乗車が認められたが、横浜周辺の鉄道・軌道は大きな被害を受けた。

翌日の報道によると、横浜での空襲だけでなく、過日の東京方面での空襲の被害も含まれているだろう、東海道本線（列車）は東京～大船駅間、省線電車は横須賀線の東京～保土ケ谷駅間、京浜東北線の鶴見～桜木町駅間、横浜線の東神奈川～菊名駅間などがそれぞれ不通となっている。私鉄は東横線の綱島～桜木町駅間、品川線（旧・京浜電気鉄道）と湘南線（旧・湘南電気鉄道）の生麦～横浜～弘明寺駅間の他、東京・山手地区を走る各路線も不通となっている。

関東大震災に比べて空襲による被害の

状況は、国内全体が平常時でなかったこともあり、不明な点が多いが、東神奈川駅や高島貨物駅では駅舎等の多くの施設が焼失した。横浜駅は裏口（西口）駅舎とホーム上屋、小荷物事務室、信号所、構内線路などを焼失したが、壊滅的な被害は免れ、表口（東口）の駅舎は無事だった。桜木町駅と東横浜貨物駅も周辺が焦土となる中に残され、横浜港の諸施設と同様に攻撃の対象から外されたと推測する向きも多い。

また、横浜市電は在籍車両約二〇〇両の四分の一を失い、車庫や変電所などの施設も大きな被害を受けた。後に鉄道資料の収集家として知られる長谷川弘和は、中学生だった当時、憲兵の監視をかいくぐりながら、空襲直後の市電車両の被災状況を詳細に記録し、図に残している。それによると、焼失車両が特に集中したのは、青木橋から横浜駅前、高島町交差点にかけての国道一号と、長者町五丁目交差点や本牧通りだった。横浜市電は全線が不通となったが、翌六月に約七割が復旧した。

しかし、不通の区間は終戦後も残り、六角橋線が一九四六（昭和二十一）年二月、浅間町線と本牧線、花園橋線が同四月、長者町線の西平沼橋〜長者町一丁目間が同九月、日の出町線と平沼線が翌年四月に復旧した。長者町線のうち長者町一丁目〜山元町間は、途中に中区打越の急勾配が含まれ、電力を節約するため、空襲前の一九四五（昭和二十）年四月より運転を休止していた。だが、それも一九四七（昭和二十二）年八月に復旧し、これをもって全線の復旧が完了した。

■占領下の鉄道輸送

第二次大戦の敗戦を受けて、日本の国土は連合国軍（アメリカ軍）により占領される。進駐した連合国軍の最高司令官総司令部（GHQ）は、日本の国内の鉄道輸送について、運営を日本側に任せ、その監督を行うための第三鉄道輸送司令部（MRS）を、中区海岸通の日本郵船のビルに置いた。そして、その出先機関として鉄道輸送事務所（RTO）を東京駅や横浜駅、大阪駅など主要な駅に配置した。

MRSは被害を免れた客車および電車を接収して、連合国軍専用車とした。横浜駅には、白帯と「ALLIED FORCES CAR（連合軍専用車）」の文字を付した車両が、横須賀線や京浜東北線、東横線や京急線などの電車に連結されて、頻繁に発着することになった。運行ダイヤは連合国軍の意向が最優先され、例えば、横浜発で札幌行きの連合国軍専用の急行列車なども運転された（青森〜函館駅間は車両を船舶で航走）。日本の鉄道の慣例にとらわれる必要がないため、東京駅を一通過駅とすることができたのである。

なお、横浜市内では、関内や伊勢佐木町などの中心部の焼け残った建物や土地、そして、新港ふ頭をはじめ、横浜港の諸施設が連合国軍に接収された。MRSの置かれた日本郵船のビルもその一つである。横浜駅の周辺では、東口・西口の駅前の土地、高島貨物駅が接収されている。

これらの接収の解除は、一九五二（昭和二十七）年に日本が独立を果たして以降、順次進められていく。

■鉄道事業者の再編

さて、戦争により大きな被害を受けた鉄道は、日本が占領下にある間に次第に回復し、戦前の水準を越えていく。国有鉄道の運営は、戦前の鉄道省や戦時中の運輸省から、一九四九（昭和二十四）年六月に設立された独立公共企業体の日本国有鉄道（国鉄＝ＪＮＲ）に移管された。国の直営だった事業を引き継いだのである。そして、東京圏や京阪神圏などの大都市周辺を走る国鉄の電車は、省電（省線電車）に代えて、「国電」と呼ばれ親しまれるようになった。

戦前にほぼ路線網ができあがっていた東京圏の私鉄も、その運営主体が戦争をはさんで大きく変動する。戦時中に統合されていた各社の分立や再編が、戦後すぐに実現した。

一九四八（昭和二十三）年六月、ＧＨＱの指示の下、横浜周辺では、いわゆる「大東急」が分割され、新制の東京急行電鉄、京浜急行電鉄、小田急電鉄などが成立した。東京急行電鉄はかつての東京横浜電鉄であり、京浜急行電鉄は京浜・湘南の両電気鉄道の路線を継承したものである。また、相模鉄道は神中線（厚木線）の運営を、終戦間際の一九四五（昭和二十）年六

桜木町事故の現場　1951年　長谷川弘和撮影・横浜都市発展記念館所蔵

月より東京急行電鉄に委託していたが、それが解除されて、四七（同二十二）年六月、新制の相模鉄道が誕生した。

横浜市電を運営する横浜市電気局も、他の大都市と同様に、一九四六（昭和二十一）年六月より「交通局」と改称された。そして、横浜市交通局は一九五二（昭和二十七）年十月、法令にもとづき独立採算制の地方公営企業に転じた。

■桜木町事故

ところで、終戦直後の占領下において、戦後の重大鉄道事故に数えられる大惨事が、横浜で起きたことを忘れてはならない。いわゆる桜木町事故である。国鉄の三大未解決事件と呼ばれる下山事件、三鷹事件、松川事件が一九四九（昭和二十四）年に立て続けに発生し、その記憶が生々しい中であったためか、「事故」ではなく「事件」と表記されることもあるが、事件性はないとされている。

それは一九五一（昭和二十六）年四月、桜木町駅で架線の修繕作業が行われている中、構内に進入した京浜東北線の電車のパンタグラフに架線がからまり、車両の火災が発生。およそ二〇〇名の死傷者を出す結果になった。戦時中の代用資材で設計された車両であったため延焼が早く、また当時は長距離列車の客車と違って、電車では隣りの車両への貫通路がなかったため、多くの乗客が逃げることができなかったという。窓もガラスの不足を補うため、三段式で中段が固定され、脱出ができなかった。

事故後、国電の車両の改良が進められ、また、車内には今日そうであるように、自動扉を手動で開閉するためのコックの表示が義務づけられた。

その後の高度成長期において、横浜市内でもう一つ重大な鉄道事故が起きたことをここに付記しておきたい。一九六三（昭和三十八）年十一月に発生した鶴見事故である。東海道本線の鶴見〜新子安駅間で貨物列車が脱線、ここに横須賀線の上りと下りの電車が次々に衝突し、三〇〇名に近い死傷者を出した。

第四章　首都圏のベッドタウンと横浜ステーション

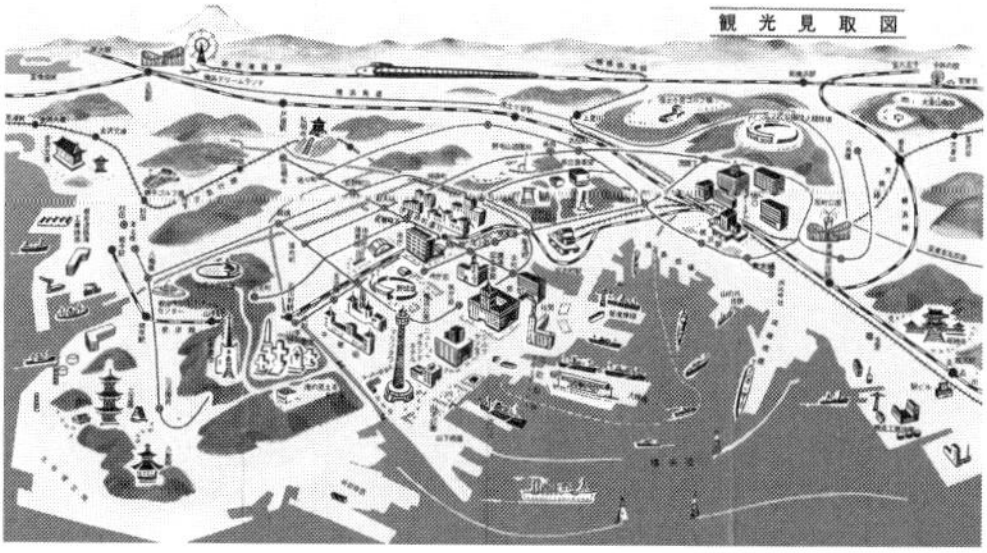

高度成長期の横浜のイラストマップ
「観光見取図」（1965 年頃）　著者所蔵

（一）横浜市電の全盛と国電根岸線の開通

■全盛期の市電と桜木町駅

戦災復興から高度経済成長へと向かう一九五〇年代、都市内の近隣への移動手段はまさに路面電車が主役だった。横浜市電は「市民の足」として、戦災から約二年で完全に復旧し、一九五五（昭和三十）年四月に根岸線（間門～八幡橋）、五四（同二十九）年五月と五六（同三十一）年四月に井土ケ谷線（保土ケ谷駅～通町《とおりちょう》一丁目）を開通させるなど、戦後もわずかに新線を開通させた。

路線の総延長は51・8㎞の史上最長に達し、一九六〇年代前半にかけて一日あたりの利用者数は約三十万人で安定し、その最盛期を迎える。1番から13番と、ラッシュ時のみの16、18番の各系統の電車が、桜木町駅前を基点に、中・南・西・神奈川・磯子区など、昭和初期以来の旧市域に含まれる横浜の中心市街地（旧市街地）を網羅した。

桜木町駅は、国鉄（国電）の京浜東北線と東急の東横線の、行止り式の始発・終着駅であり、横浜の街へ向かう出入り口だった。横浜駅が都市横浜の表玄関であるならば、桜木町駅はその勝手口に例《たと》えられることも多い。東海道本線の沿線を主要駅ごとに紹介した当時の旅行ガイド

最盛期の市電の路線図　「電車運転系統図」横浜市交通局（1959年）横浜都市発展記念館所蔵

の『旅窓全書・東海道線』修道社（一九六〇年）には、「現在の横浜駅は関東大震災以後に定められたもので、市域の拡大に伴って工業地区と港地区との結節点に設けられたのである。したがって横浜駅では乗降客よりも乗換客がずっと多い」とし、「日本最初の鉄道が開通した時の横浜駅は、いまの桜木町駅であり、今日でも港の中心、官公庁の中心は桜木町駅に近い」という説明が記されている。

横浜駅に汽車・電車から降り立った旅行客や通勤客は、駅前で市電やバス、タクシーに乗り換える場合もあるが、多くが国電や東横線に乗り換えて桜木町駅から横浜の街へ繰り出した。駅の西側に隣接した野毛町には、終戦直後の闇市に端を発し、東京の新橋や上野に似たターミナル駅前型の飲食店街が開け、また、中心商店街の伊勢佐木町通りと馬車道が連なる吉田橋まで、徒歩十分ほどで達することができた。

それでも桜木町駅も、横浜港の大さん橋や横浜公園、中華街や元町の専門商店街、伊勢佐木町の三、四丁目の映画館街などへはまだ距離があり、横浜の中心部からやや北に外れた立地だった。また、山手や本牧、根岸、磯子などの地区からは全く離れていた。国電や私鉄のない、これらの場所へ向かう多くの人が、桜木町駅前でさらに市電に乗り換えていたのである。

■「桜大線」の建設へ

終戦後の一九五二（昭和二十七）年、連合国との講和条約が成立して日本が独立し、アメリカ軍に接収されていた中心部や港湾部の施設の接収解除が始まると、横浜市は、戦争で中断されていた、桜木町駅からの線路の延伸計画を再開するよう国鉄に陳情を開始する。それは桜木町駅から大船付近までの区間と定められていたことから、「桜大線《おうだい》」の仮称で呼ばれた。

戦災からの復興が進む中、横浜港は本牧方面への拡張が予定され、根岸湾には埋立地を造成して臨海工業地帯とする計画が浮上していた。そのためには根岸、磯子を経由する鉄道、特に貨物線が不可欠だったのだ。もちろん、ビジネス（業務）街の関内や繁華街の伊勢佐木町を含む中心部を通り抜けて、市内南西部の多摩丘陵まで国電を走らせ、沿線地域の住宅地化を促進する狙いもあった。

根岸線着工決定の記念切符　1957 年　横浜都市発展記念館所蔵

一方、国鉄では、この線路を東海道本線の横浜〜大船駅間のバイパスと位置付け、当初は横須賀線電車を走らせることも検討していた。湘南地域（藤沢・平塚方面）や鎌倉・横須賀方面と京浜地域との交通を強化でき、その通勤混雑を緩和するのに非常に有効な路線であり、採算性も高いと見込んでいた。

一九五六（昭和三十一）年二月、鉄道建設審議会（政府の諮問機関）で桜大線の建設が決定される（「予定線」から「調査線」に昇格）。横浜市も同年に根岸湾埋立事業を決定したため、翌一九五七（昭和三十二）年四月には同審議会で着工の決定がなされ（「調査線」から「工事線」に昇格）、七月、桜木町〜大船駅間の線路の建設が運輸大臣により認可された。横浜市電を運営する横浜市交通局では、開港から九十九年目にあたるみなと祭の開催と、この着工の決定を祝した記念切符を同年に発行している。記念切符は「開港99年と国鉄根岸線祝賀 みなと祭」と題した。「根岸線」という呼び方は戦前にも見られたが、まだ決定していないその呼称がすでにここで用いられていた。

さて、第一期工事は桜木町駅から磯子駅までとされ、着手されたのは一九五九（昭和三十四）年である。桜木町駅の駅舎を越えて、運河（派大岡川）の上を高架線で進み、山手地区の台地をトンネルで抜け、根岸湾の埋立地に線路を敷設して磯子駅に達するという、現行のルートが前年度中に正式に固まった。山手や根岸ではなく、伊勢佐木町を経て堀割川沿いに進むルートなども提案されたが、検討には至らなかったようだ。

■根岸線の開通と横浜、根岸湾

そして、一九六四（昭和三十九）年五月、桜木町〜磯子駅間の路線が新規に開通し、横浜〜桜木町駅間を含めて正式に「根岸線」と名付けられた。根岸線には結局、横須賀線の中距離電車（近郊型電車＝セミクロスシート）ではなく、京浜東北線の国電（通勤型電車＝ロングシート）が全て乗り入れることになった。一九六五（昭和四十）年十一月に、長く親しまれるスカイブルー（水色）の１０３系車両も登場する。

途中駅は関内、石川町、山手、根岸の四つである。

関内駅は横浜に初めて誕生した都心駅である。通称地名の「関内」は、外国人居留地の撤廃後も主にかつての日本人の居住地区を指して使われ、特にビジネス街の代名詞となっていた。駅名に採用されたことで、それが公認されたと言える。駅は吉田橋の近くで、明治以来の中心

関内駅を出る根岸線の電車　1964年　横浜市史資料室所蔵

商店街である馬車道と、それに連続して大正期に繁華街に発展した伊勢佐木町通りという、横浜の商業の軸と交差する位置に設けられた。

石川町駅は、山下町（中華街）と元町とを隔てる運河の堀川を跨《また》いで置かれた。山下町は旧居留地で、うち海岸寄りの微高地に欧米の商館が建ち並び、その後背湿地にできた中国人の居住区がやがて飲食店街の中華街を形成した。居留地は堀川対岸の崖上にも広がり、こちらは主に洋館住宅が建ち並び、山手町と名付けられて、教会や私立学校、公園の集まる文教地区となった。また、山下と山手の居留地にはさまれた元町は、輸入品や高級品を扱う専門商店街として知られるようになった。

これら港町横浜を代表する観光地の最寄りに置かれたこの駅には、知名度に鑑み「元町」の駅名を付す案が有力だったが、最終的にその所在地から「石川町」となった。他に「港横浜」「港口」などの候補もあった。

次の山手駅も文教・住宅地区に位置する。ただし、計画時の仮称は「大和町」で、居留地のあった山手町からは距離がある。駅名の「山手」は、本牧半島に広がる台地の全体を指していると考えるのが適切だろう。

矢口台トンネルを抜けて、根岸駅と磯子駅は根岸湾の埋立地に設けられた。根岸線の建設にあわせて横浜市による埋立事業が進められ、一九六三（昭和三十八）年に第一期の工事が完成。第一期で大半が竣工した埋立地には、日本石油や石川島播磨などの大企業の重化学工場が集まり、臨海工業地帯の形成が始まった。開通時の根岸線において重視されたのは、これらコンビナートの貨物輸送であり、根岸・磯子の両駅では貨物が取り扱われ、桜木町駅で接続する高島貨物線を経由する貨物列車が発着した。

■限界を迎える路面電車

根岸湾に面した沿岸の、根岸や磯子の市街地には、横浜市電の杉田線や根岸線の線路が通っていた。この地区では戦前より市電が唯一の重要な交通手段だったが、市内中心部への移動は三十分程度を要していた。しかし、国鉄の根岸線の開通によって、関内駅まで十分程度で結ばれると、市電の利用者のほとんどは国電に流れた。国鉄根岸線から外れた本牧地区の人々も、市電の本牧線の元町停留場で下車し、石川町駅より国電を利用するようになったという。

市電の路線網の張りめぐらされた旧市街地では、すでにトラックや自家用車などの自動車の増加によって、道路の渋滞が著しくなっていた。市電の塗装は終戦後、紺色とクリーム色のツートンカラーだったが、路上で電車を目立たせて安全をはかるため、一九六〇年代になると黄色の地に青帯が入ったものに変更された。それでも、市電の軌道敷内では自動車の走行が許されていなかったが、一九六〇（昭和三十五）年より順次それが認められ、走行が可能な区間が拡大していくと、路面電車は次第に道路から追われる存在になっていく。旧市街地を貫通して磯子駅まで開通した高速電車の国電根岸線はこれに追い打ちをかけた。都市内の交通機関としての役目を果たせなくなった横浜市電は、利用者が急減し、「市民の足」としての地位を失っていく。

さらに、一九六〇年代以後の高度成長の時代において、後述する郊外での人口増加に対して、市電はほとんど寄与することができなかった。低速の路面電車の路線網を拡張しても、広域の輸送を担うことは不可能だったからである。

（二）特急「こだま」と東海道新幹線の開業

■東海道本線の電車化

戦後の鉄道の歴史は、客車が機関車にけん引される列車から、電動の車両で編成される電車へと置き換えられていく歴史でもある。東海道本線は戦前の一九三四（昭和九）年、丹那トンネル開通とともに東京～沼津駅間の電化が完成。戦後、一九四九(昭和二十四)年二月に静岡駅、五月に浜松駅へと電化区間が延伸された。

ただし、電化区間においてもしばらくは、蒸気機関車に代えて電気機関車が、客車を引いて走っていた。それが初めて電車に変わるのは一九五〇（昭和二十五）年三月である。オレンジと緑の二色の電車（80系）が、東京～横浜～沼津駅間（126・2㎞）で運転を開始した。当時、100㎞以上の距離を走る長距離電車の誕生であり、また、客車も電車も茶色が一般的だった。この電車は従来になかった鮮やかなデザインから、「湘南（型）電車」として長く親しまれることになる。その運転区間は七月に静岡駅、翌年二月に浜松駅まで延長された。

なお、「湘南電車」は普通列車である。特急列車は戦時中、一九四四（昭和十九）年に全て廃止されていたが、一九四九年九月に復活。「へいわ」号が東京～大阪駅間で運転を開始する。

翌年一月に戦前と同じ「つばめ」号に改められ、五月に同区間に「はと」号も登場した。

その後、東海道本線の電化区間はさらに西へ進み、一九五六（昭和三十一）年十一月、最後に残った米原〜京都駅間の電化をもって、全線の電化が完了した。これによって、「つばめ」号と「はと」号は全区間で電気機関車にけん引されることになり、東京〜大阪駅間の所要時間を八時間から七時間三十分に短縮した。また、寝台特急列車の「あさかぜ」号が東京〜博多駅間に登場したのもこの時である。

そして、一九五八（昭和三十三）年十一月、機関車のけん引を要せずに東海道本線（東京〜神戸駅）を走り通す電車特急（151系）が誕生する。「こだま」号と名付けられ、東京〜大阪駅間を六時間五十分で結んだ。さらに一九六〇(昭和三十五)年六月には所要時間が短縮され、また、「つばめ」号と「はと」号も電車化されて、「こだま」「つばめ」「はと」のいずれもが六時間三十分で東京と大阪を結ぶようになった。

なお、これら特急列車は全て、東京駅を出発するとまず横浜駅に停車した。横浜の次の停車駅は熱海、もしくは沼津で、特急「こだま」号は当初、横浜駅から名古屋駅まで無停車で走った。

■東海道新幹線の建設

さて、東海道本線にはこれらの特急列車に加え、急行や準急、普通などさまざまな旅客列車が運行された。それでも、切符の入手は容易でなく、車内は常に満員だったという。また、道路が未整備の当時、貨物輸送のほとんどを鉄道が占め、数多くの貨物列車が、三大都市圏を結ぶ国土の大動脈の東海道本線を走行した。

京浜間や京阪神間などでは、貨物用の別線が設けられ複々線化されるなどしていたが、それ以外の区間では、複線（二線）のレールに、停車駅や速度の異なるさまざまな列車が、一日に百本（片道）以上も走ることになった。一九五〇年代後半には、東海道本線の輸送量の限界が叫ばれた。それを解決するため計画されたのが、東海道新幹線の建設である。

在来線と異なる標準軌（広軌）の別線を新設する構想は戦前より存在し、戦時中の一九四〇（昭和十五）年、東京〜下関間に「広軌幹線」「新幹線」を建設することが、議会で正式に決定された。そして、翌年にはトンネル工事や用地買収などが開始された。一般に「弾丸列車」と呼ばれていたが、「新幹線」という用語も当時より使用された。終点を下関としたのは、中国大陸への軍事輸送を想定していたからである。結局、この事業は戦況の悪化によって中止され、終戦とともに消滅した。

だが、これが下地にもなり、戦後の一九五〇年代、東京〜大阪間の東海道新幹線の建設が構想されたのである。一九五八（昭和三十三）年十二月、その建設が内閣に承認され、翌年四月に着工した。戦前に掘削の進んでいた新丹那トンネルや、買収済みの「弾丸列車」の用地など

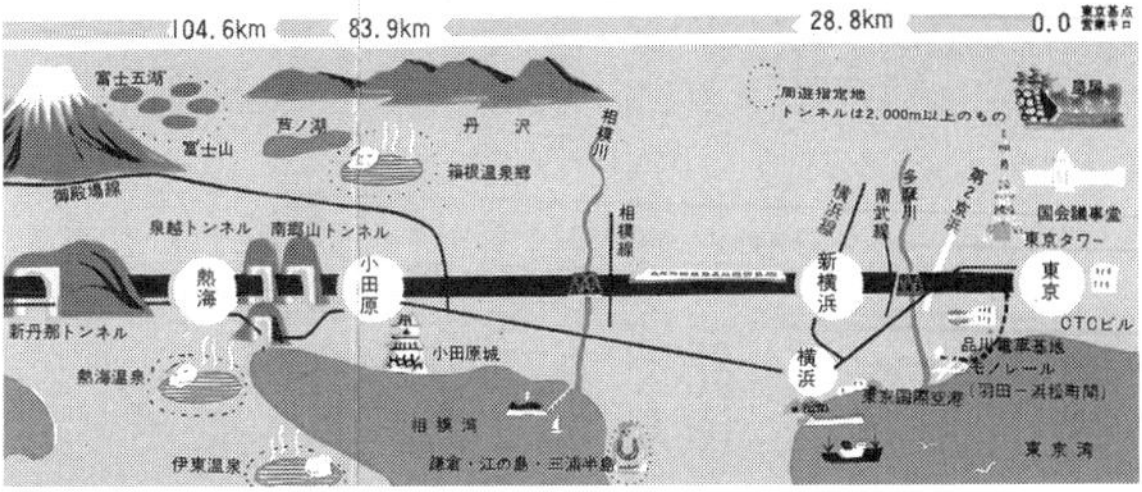

「東海道新幹線」　部分　1965年頃　著者所蔵

が活用された。

そして、一九六四（昭和三十九）年十月、東海道新幹線が開通する。東京〜新大阪駅間を「ひかり」号が当初四時間、翌年十一月より三時間十分で結んだ。

大都市の横浜は当然、東海道新幹線の重要な経由地だった。当初、横浜の新幹線の駅は、在来線の東神奈川駅に併設するという案があった。それは東京の新幹線ターミナルを中央線の市ケ谷駅付近に設ける案があったためで、その場合は東神奈川駅で東海道本線と接続しようとしたのである。

しかし、東京駅に新幹線が乗り入れたためその必要がなくなり、横浜線との交差地点に新横浜駅が設けられた。東海道新幹線は横浜市域の内陸部を、ほとんど一直線で通過するルートが採用された。

■第四代の横浜駅＝新横浜駅

新横浜駅は横浜市港北区に位置し、大都市横浜の新しい玄関

開業から間もない新横浜駅　1966年　横浜市史資料室所蔵

として位置づけられた。いわば四代目の横浜駅である。つまり、明治時代より横浜駅は、国土軸である東海道の鉄道から外されぬよう、北への移動を三代にわたって重ねたが、この新東海道の開通にあたって、それをさらに重ねたのである。

だが、横浜の都心である関内地区から北へ5㎞以上離れ、その周辺は一九六〇年代においても一面の農地だった。接続する路線は当時、単線の横浜線だけで、新横浜駅には東海道新幹線の各駅に停車する「こだま」号のみが停車し、「超特急」と呼ばれた「ひかり」号は全て通過した。

その改善を求める要望は、一九六〇年代後半に横浜商工会議所や神奈川県議会などから、複数回にわたって提出された。一九七六（昭和五十一）年七月、一部の「ひかり」号の停車がようやく実現する。それでも一日に上りと下りの一本ずつだけで、「ひかり」号が毎時、新横浜駅に停車するようになるのは、後の一九八五（昭和六十）年三月である。同時に横浜市営地下鉄が新横浜駅まで延伸される。

後世の話になるが、駅周辺の開発が本格化するのもこの頃で、ホテルや飲食店、オフィスなどが集積を見せ、一九八九（平成元）年には横浜アリーナなどの大型施設も開業する。国鉄からＪＲに変わった後、東海道本線の横浜駅を発着する長距離列車は夜行のみとなり、ようやく新横浜駅が東海道の横浜ターミナルに成長したと言える。

横浜の北の副都心、あるいは新都心として、「新横浜」という街が認識されるようになるのは、二十一世紀になってからである。二〇〇八（平成二十）年には、「のぞみ」号（一九九二年運転開始）、「ひかり」号の全てが停車するようになった。

(三) 首都圏の一核となる横浜駅

■高度成長期の横浜市域の変容

横浜の市街地は戦後もしばらく、鶴見地区から杉田地区にかけての沿岸部、つまり昭和初期までに成立した市域におよそ限られていた。戦時期に編入された内陸の丘陵部の新市域は、横浜市内であるとは言え、実質的にはまだ田畑や山林が広がる農村地帯だった。広大なエリアに国鉄と私鉄(東急・京急・相鉄)の線路が通過するが、まだ交通需要は少なく、駅の数も電車の運転本数もわずかだった。路線バスも戦前より国・県道に運行されていたが、道路は未整備で輸送力は貧弱なものだった。(口絵P11参照)

だが、一九五〇年代の後半より高度経済成長の時代を迎えると、太平洋岸の三大都市圏を中心に未曾有の人口増加が始まる。とりわけ首都圏(東京大都市圏)では、東京都心のビジネス街や商業地区、京浜工業地帯などに地方から勤労者が集中し、その周辺部へ彼らやその家族の居住地帯が広がってきた。横浜市域もその大きな受け皿となり、田畑や山林がほとんどだった郊外の各区で急速に住宅地化が進行するのである。

特に一九六〇年代には、港北・保土ケ谷・戸塚区などで人口が急激に増加し、五年間で一・

五倍以上に増えるような事態が生じた。一九六九（昭和四十四）年に港北区から緑区、保土ケ谷区から旭区、戸塚区から瀬谷区、南区から港南区がそれぞれ分離した。同時期に中・西・神奈川区などの旧市域では人口が停滞もしくは減少を始めるが、それでもそれを相殺し、横浜市全域の人口は十大都市（東京二十三区および横浜・名古屋・京都・大阪・神戸・札幌・仙台・広島・福岡市）の中でも最も著しい増加を示した。一九六八（昭和四十三）年に二〇〇万人を越え、やがて一九七八（昭和五十三）年には大阪市を抜いて、日本最大の市になる。

ただし、夜間人口（居住人口）に対する昼間人口（夜間人口に通勤通学の流出入者数を加減した人口）の比は、大都市であり、かつ県庁所在地でありながら、一・〇を大きく下回るようになっていった。つまり、通勤や通学で市外へ流出する人口が、その逆を大きく上回り、特に市域郊外の各区ではそれが顕著だった。横浜市は首都圏の最も巨大なベッドタウンと化したのである。

これら人口の増加は、都心・工業地帯（京浜地区）への通勤流動の増大を意味し、それは鉄道の存在が大きく寄与するものだった。横浜駅は東京駅を中心とした首都圏の通勤路線網の外側の一核となり、横浜駅を中心とする横浜の鉄道網が、首都圏の重要な一部分として機能していたのである。

以下では、その様子を鉄道の路線別に見ていこう。

■私鉄の沿線開発と進化〜相模鉄道

一九六〇年代を中心に、急速に人口の増加する郊外において、その交通機関として大きな役目を背負ったのは、一つは私鉄である。中でも特に大きな役割を果たしたのは、戦前から沿線の市街地化が進んでいた京浜間の路線はさておき、相模鉄道と、京浜急行電鉄の横浜市以南の区間だった。

まず相模鉄道は、東京急行電鉄の経営下に置かれていた一九四六（昭和二十一）年十二月、横浜〜海老名駅間の電車直通運転を実現した。全線の電化はすでに実現していたが（一九四四年）、電圧の違いで二俣川駅を境に運行が分断されていたのである。そして、一九四七（昭和二十二）年六月に東急傘下を離れ事業を再開すると、沿線の開発を積極的に展開した。その嚆《こう》矢《し》として、一九四八（昭和二十三）年五月に希望ヶ丘駅を新設し、駅周辺（当時は保土ヶ谷区、現・旭区）で住宅地の分譲を行い、現在の西区藤棚町にあった旧制の県立横浜第一中学校（横浜一中、神中《じんちゅう》）を誘致して新制の県立希望ケ丘高校が開校した。三ツ境地区（当時は戸塚区、現・瀬谷区）などの住宅地もこの時期より開発された。

高度経済成長期に入り一九五〇年代後半になると、購入者が住宅金融公庫から融資を受けられる公庫建売住宅が中心となった。上星川駅を最寄りとする釜台住宅地（保土ヶ谷区）などを皮切りに、二俣川駅の南方約1㎞一帯に一九五八（昭和三十三）年より神奈川県とともに開発

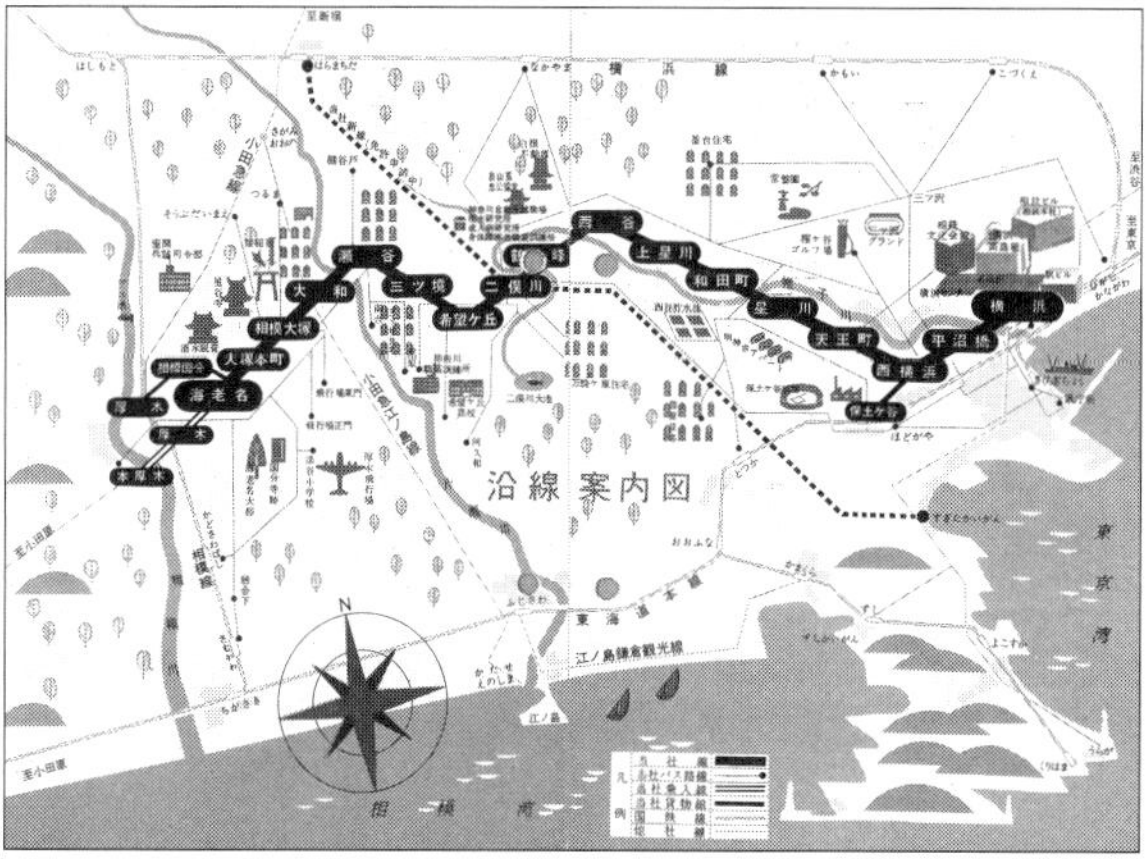

高度成長期の相鉄の沿線案内図　「沿線案内図」相模鉄道株式会社（1960年頃）　提供：相鉄グループ

した万騎が原地区を筆頭として、三ツ境駅北側の楽老峰（いずれも当時は保土ケ谷区、現・旭区）、瀬谷、えびな国分寺台などの地区の住宅地開発を手がけた。

　また、相鉄沿線には、日本住宅公団（現UR）や県・市の住宅供給公社による、あるいは県営・市営の集合住宅団地、いわゆる「ダンチ」も多数建設された。公団の明神台《みょうじんだい》（一九五九年）や左近山（一九六八年）、市営のひかりが丘（一九六九年）などの団地である。これら団地は駅から離れていたり、特に鉄道の利用を考慮する間もなく造成されたものが多いと思われるが、自社で造成した住宅地とともに鉄道の利用者数を大きく増やしていく。

　そのため相模鉄道は、設備やサービスの度重なる改良を迫られた。開通以来、線路は単線だったが、一九五〇年代に複線化に着手し、一九六〇（昭和三十五）年十一月までに横浜〜大和駅間を複線化。一九七四（昭和四十九）年三月に全線（横浜〜海老名駅）で完了させた。電車の長編成化と運転本数の増発も続け、一九五七（昭和三十二）年二月には横浜〜希望ケ丘駅間ノンストップの準急電車がラッシュ時に登場する。また、駅舎は鶴ヶ峰駅（一九六二年）、二俣川駅（一九六四年）を皮切りに、橋上駅《きょうじょうえき》化が進められた。

こうして、砂利輸送の神中鉄道に始まる相模鉄道は、保土ケ谷・旭・瀬谷区等の増大する通勤輸送に対応しながら、一九七〇年代には完全な都市高速電車に進化をとげる。

■私鉄の沿線開発と進化〜京浜急行

京浜急行電鉄では、戦前に軍事的な事由で制約されていた三浦半島の観光開発を戦後、本格的に展開し、一九五〇年代には行楽客の輸送を目的とした列車を、品川駅から浦賀・久里浜方面へ数多く運行した。

一方、一九六〇年代にかけては、沿線の南区（現在の港南区を含む）や磯子区、金沢区の宅地開発にも着手した。花の木と弘明寺を手始めに、一九五〇年代には富岡、杉田、上大岡などの各地区、一九六〇年代には八景団地や平潟《ひらがた》ニュータウン、京急ニュータウン港南などの大規模な住宅地を造成した。釜利谷《かまりや》地区にも広大な土地を確保し、自然景観の保全のため横浜市との調整等で計画は遅れるが、後の一九八三（昭和五十八）年に京急ニュータウン金沢能見台《のうけんだい》が開かれる。発生した土砂は横浜市が富岡・金沢沖に展開していた埋立地の造成に無償で提供された。

また、沿線には県営の磯子汐見台（一九六三年）や、横浜の市営および公社による野庭《のば》（一九七三年）、住宅公団の南永田（一九七四年）など、いくつもの団地の建設が進んだ。

これら新しい住宅地の住民の足として、京急バスや神奈中バスなどの路線網が整備され、上大岡駅はその拠点となった。駅前には鎌倉街道（県道二十一号）が通り、戦前からそこを走る市営・民営バスの通過点になっていたが、上大岡駅には一九六三（昭和三十八）年四月に京浜百貨店の入る駅ビルが竣工。市電の弘明寺終点に代わり、横浜市南部の市営・民営バスのターミナルになっていく。後には市営地下鉄も乗り入れ、戦前より花街があった上大岡地区を横浜の副都心として発展させることになった。

さて、京急電鉄は戦前の京浜電鉄・湘南電鉄の時代より、国鉄や他社よりも幅の広い標準軌の複線の線路を完備し、品川～横浜～浦賀駅間で高速の直通運転を行ってきた。一九五〇年代にはラッシュ時への対応をきっかけに特急電車の運転を開始し、早くよりこれら沿線地域と横浜駅、品川駅とを直結させた。そして、一九六八（昭和四十三）年六月には品川～横浜～三浦海岸駅間に快速特急の運転を開始するとともに、延伸先の泉岳寺《せんがくじ》駅を介して都営地下鉄浅草線との直通運転を開始する。押上《おしあげ》～泉岳寺～品川～横浜～三浦海岸駅間直通の特急や、押上～泉岳寺～品川～京浜川崎駅間直通の急行などが運転を開始した。戦前に構想し潰えた東京地下鉄道（現・銀座線）との直通計画に代えて、東京都心への乗り入れを実現させたのだった。

国鉄の横須賀線と競合する関係にあった京浜急行電鉄は、その高速運転を活かして高度成長の初期の段階より、横浜市南部の市街地化と、そこから京浜地区（特に工業地帯）への通勤輸送とに大きく貢献したと言える。

■根岸線の延伸と団地の造成

一九六四（昭和三十九）年に国鉄の根岸線が磯子駅まで開通し、京浜東北線から国電が直通運転を開始したことはすでに述べた。「京浜東北線」とは電車の運転系統の名称で、正式には東京駅を境に東海道本線と東北本線の各一部であり、東京近郊区間においてそれらの緩行線（各駅停車）の役割を果たしている。

この京浜東北線と一本化された根岸線は、磯子駅から先の多摩丘陵を抜ける区間の第二期工事を一九六六（昭和四十一）年八月に開始した。工事は国鉄が直接に行うのではなく、一九六四（昭和三十九）年に設立された日本鉄道建設公団（現在の鉄道・運輸機構）が請け負った。そのルートは、笹下《ささげ》や日野（現・港南区）から鎌倉街道に沿うもの、杉田（磯子区）から円海山の近くを通るものなど、複数の案があったが、一九六四年、磯子駅から南進し、杉田で転回して磯子区矢部野町（当時）に至るルートが確定した。

暫定的な終点となった矢部野町では、一九六四（昭和三十九）年、日本住宅公団（現・UR）が土地開発に着手した。同公団との調整の結果、その中心に矢部野駅（仮称）が設置されることになったのである。やがて正式な駅名は「洋光台」となり、町名もそれに改められた。一九七〇（昭和四十五）年三月、根岸線の磯子～洋光台駅間が開通する。なお、途中の杉田地区では、京浜急行電鉄と乗り換えができる総合駅の設置を求める意

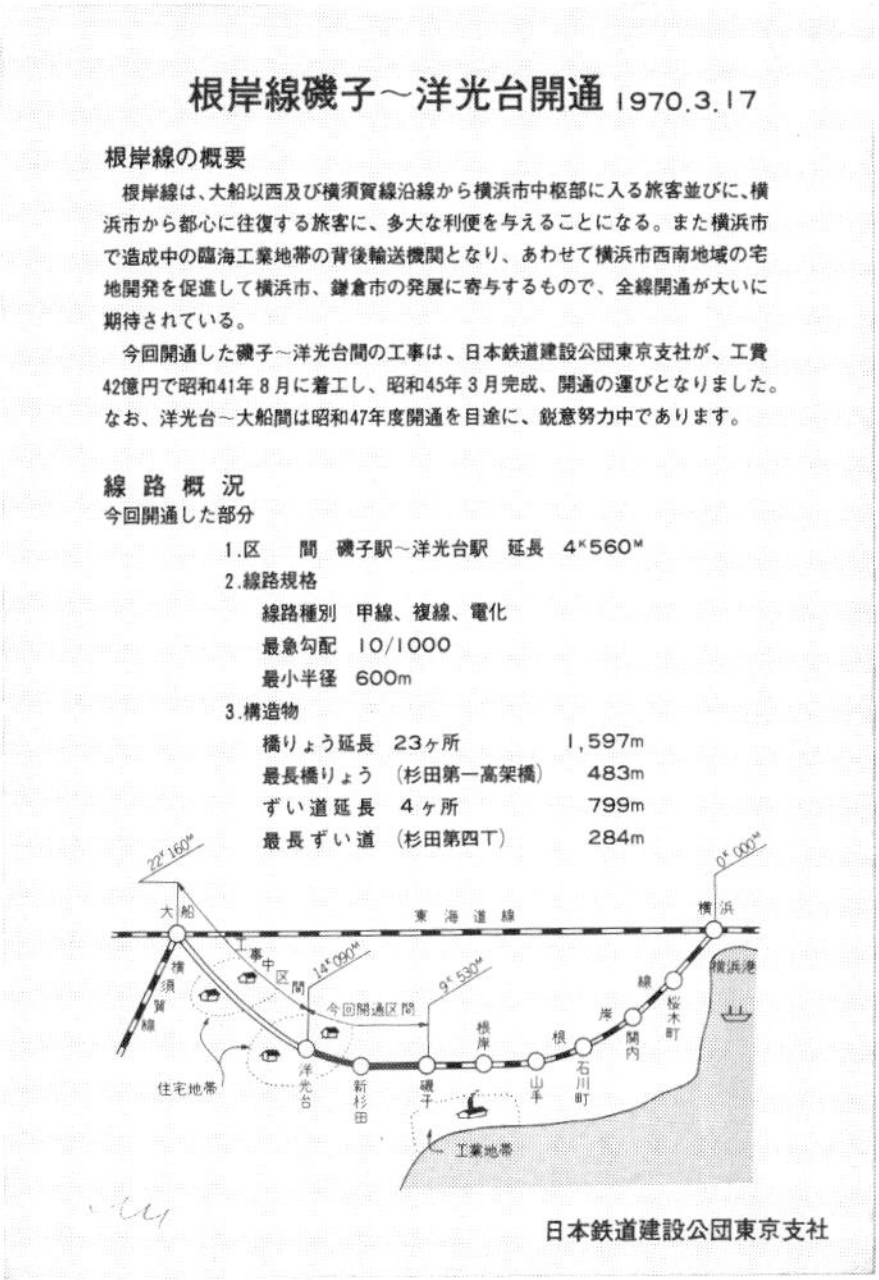

根岸線磯子～洋光台開通 1970.3.17

根岸線の概要

根岸線は、大船以西及び横須賀線沿線から横浜市中枢部に入る旅客並びに、横浜市から都心に往復する旅客に、多大な利便を与えることになる。また横浜市で造成中の臨海工業地帯の背後輸送機関となり、あわせて横浜市西南地域の宅地開発を促進して横浜市、鎌倉市の発展に寄与するもので、全線開通が大いに期待されている。

今回開通した磯子～洋光台間の工事は、日本鉄道建設公団東京支社が、工費42億円で昭和41年8月に着工し、昭和45年3月完成、開通の運びとなりました。なお、洋光台～大船間は昭和47年度開通を目途に、鋭意努力中であります。

線路概況

今回開通した部分

1.区　間　磯子駅～洋光台駅　延長　4K560M

2.線路規格

線路種別　甲線、複線、電化

最急勾配　10/1000

最小半径　600m

3.構造物

橋りょう延長　23ヶ所　1,597m

最長橋りょう　（杉田第一高架橋）　483m

ずい道延長　4ヶ所　799m

最長ずい道　（杉田第四T）　284m

日本鉄道建設公団東京支社

根岸線のチラシ　「根岸線磯子～洋光台開通」(1970年)
横浜都市発展記念館所蔵

見もあったが、それは実現せず、商店街をはさんで埋立地に新杉田駅が開業した。

残りの洋光台～大船駅間は、一九六九（昭和四十四）年にルートが決まり、一九七三（同四十八）年四月に開通する。この区間では線路用地の買収が特に難航し、日本住宅公団が「第二洋光台」として土地区画整理事業を手がけてきた港南台地区に、線路の敷設が認められた。そして、その見返りとして、当初の予定になかった港南台駅が追加されることになった。

次の本郷台駅は、軍事施設の跡地の再開発とともに開業した。一帯には戦時中、海軍の燃料工場（第一海軍燃料廠《ねんりょうしょう》）が置かれ、戦後の朝鮮戦争勃発とともに米軍に接収されて「大船倉庫（PX）」として使用されたが、一九六七（昭和四十二）年に全面返還された。計画時の仮称は「新大船」駅だったが、戦前の周辺の地名である鎌倉郡本郷村小菅ケ谷《こすがや》から村名の「本郷」を取り、隣駅に連続して「台」を組み合わせた。

横浜～大船駅間を全通させた根岸線により、埼玉県（大宮）から東京都心を貫通し、横浜郊外（大船）に至る一本の長大な通勤路線が誕生し、首都圏における国電網の南北の背骨となった。同時に根岸線は、当初、貨物輸送への期待が高かったが、それ以上に旅客輸送に効力を発揮し、後年開通する市営地下鉄とともに、市電に代わって横浜の都市交通を担うことになる。関内・伊勢佐木地区などの旧来の中心部の求心力を高めたことはもちろんだが、それ以上に横浜駅と市域の南西部（磯子・港南・栄区等）との結びつきを強化することになった。

■東海道本線と神奈川県

日本国有鉄道は横浜周辺に、東海道本線とその支線の路線網を有し、高度成長期に根岸線と東海道新幹線を新設した。東海道本線は、東京〜横浜駅間に独立した複線を有する京浜東北線（運転系統上の通称）、東京〜大船駅間に乗り入れる横須賀線（大船〜久里浜駅）直通の電車が含まれるものの、本来は東海・近畿地方への長距離客や貨物の輸送を主とするものである。だが、高度成長期には通勤通学等の近距離輸送が、重要な役割に加わっていく。

東海道本線では一九五〇年代に東京駅から静岡県の浜松駅まで、「湘南電車」と呼ばれる長距離普通電車の運転が始まっていた。一九六〇年代にはこの湘南電車を利用して、神奈川県の湘南地域から多くの人が、東京都心（千代田・中央・港区等）へ通勤をすることになった。横浜駅に集まる各路線からの通勤客も、数多くが横浜駅で（京浜東北線も含め）東海道本線に乗り換えた。なお、湘南電車は従来の普通列車（汽車）を代替するもので、「普通」といえども東京〜大船駅間では新橋・品川・川崎（一部）・横浜駅のみの停車だった。

途中の保土ケ谷・戸塚駅に停車したのは、戦前から走る横須賀線直通の電車で、一九六〇（昭和三十五）年六月には、京浜工業地帯の玄関である川崎駅にも終日停車するようになった。保土ケ谷区や戸塚区などから、都心の事務所街だけでなく、工業地帯への通勤にも利便性を発揮した。川崎駅は駅前に京浜工業地帯へ向かう川崎市電やバスが発着し、一九五〇年代後半から一九六〇年代、横浜駅よりも多くの、神奈川県最大の乗降客数を誇った。

ただし、湘南・横須賀線のどちらの電車も当初は、80系をはじめ、通勤用に設計された車両ではなく、機関車にけん引される客車と同じく、車両のドアと客室の間にデッキが設けられていた。そのため、一度に多くの旅客が乗り降りできなかった。そこで一九六二（昭和三十七）年より、通勤ラッシュに対応した三つ扉の車両（111系、後に113系）が投入され、順次置き換えられていく。

通勤路線としての役割を担った東海道本線は、横浜を含む神奈川県のベッドタウン化を、高度成長の初期の段階より大きく進展させた。首都圏全体において、埼玉県や千葉県よりも神奈川県が人口の急増期を先に迎え、また、両県よりも神奈川県の方向に東京都心の通勤圏が突出して広がるのは、東海道本線の存在が大きい。

そして、横浜駅は県内や市内郊外から、横浜の都心（関内地区等）へはもちろん、京浜工業地帯や東京都心へ向かう交通の通過・交差点となった。東京駅を中心に見れば、新宿・渋谷・品川駅などのさらに外側に、副々次的な結節点として位置づけられたことになる。

（四）変容を重ねる横浜の鉄道

■「通勤五方面作戦」と横浜貨物線反対運動

高度成長期の人口増加によって発生した大都市圏の激しい通勤混雑は、日本国有鉄道の輸送の方針にも変化をもたらした。昭和三〇年代の第一次、第二次の長期計画と違って、一九六四（昭和三十九）年に策定された国鉄の第三次長期計画（一九六五年度からの七カ年度）では、本来の国土幹線の輸送に加えて、大都市圏（東京・大阪）の通勤輸送の改善策が盛り込まれた。

京浜東北・根岸線の十両編成化や横浜線の複線化などもそこに含まれたが、計画の大きな柱となったのは、東京から放射状に伸びる東海道・中央・東北・常磐・総武線の近郊区間の複々線（四線）化、いわゆる「通勤五方面作戦」だった。

東海道本線では戦前より東京～大船駅間で、中長距離の旅客列車と貨物列車、通勤用の電車（通称・京浜東北線）の線路の分離が実現していた。複々線化は完了し、鶴見～横浜駅間は三複線（六線）区間だったが、中長距離の旅客列車の線路は、新幹線の開通によって特急・急行列車は減少したものの、普通列車（湘南電車）と横須賀線直通の電車が共用する状態だった。

これをさらに改め、東海道本線の旅客列車の線路から、横須賀線電車を分離させることが計画された。そこで東京～品川駅間に地下線を新設し、品川駅からは東海道本線の貨物線が横須賀線に転用されることになった。転用されるのは、品川～鶴見駅間で本線を離れ新鶴見操車場を経由する通称・品鶴《ひんかく》貨物線と、鶴見駅から旅客線に並行し、横浜駅を通過して大船駅に達する貨物用の線路である。

そのためにはまず貨物列車用に、代わりの別線を新設することが必要だった。当時は自動車による貨物輸送が大きく伸びる直前であり、鉄道貨物がまだ大きなシェアを占めていた。新しい貨物線は、汐留貨物駅から大井ふ頭の東京貨物ターミナルを経て、塩浜操車場（川崎市）に至る区間が一九七三(昭和四十八)年十月に開通。塩浜操車場と浜川崎貨物駅の間は一九六四(昭和三十九)年に開通済みで、一九七六（昭和五十一）年三月には浜川崎貨物駅から鶴見駅まで開通した。

貨物線は鶴見駅から、神奈川区や港北区、保土ケ谷区の下末吉台地の地下を通り、戸塚駅付近で本線に合流して大船駅に至るというルートで、新線を建設することが一九六六（昭和四十一）年に決定した。工事は一九七二（昭和四十七）年に完成する予定だった。しかし、貨物新線が地下に通ることになった港北区の篠原・菊名地区などで激しい反対運動が発生する。横浜市が調停に入るなどして事態の収拾に努めたが、計画は大幅に遅れ、竣工したのは一九七九（昭和五十四）年十月だった。

そして、翌一九八〇（昭和五十五）年十月、横須賀線の電車がようやく、旧貨物線を転用した専用の線路を走るようになる。新鶴見操車場の脇に新川崎駅が設けられ、横浜駅と保土ケ谷駅、戸塚駅には新ホームが設置された。保土ケ谷〜戸塚駅間の、大正時代に「武蔵」駅の設置が予定されていた場所に東戸塚駅も新たに開業した。同時に、東京駅を始発・終着としてきた横須賀線の普通電車は、東京駅の地下ホームから総武本線へ快速電車として直通することになった。また、川崎駅には横須賀線の電車が走らなくなったが、代わって湘南電車が全て停車するようになった。

■「ダンチ」集中と国電横浜線の改良

第三次長期計画で東海道の支線の横浜線も、複線化による輸送力の増強が目指された。国鉄は不動産事業を行わないので、沿線の宅地化の中心となったのは日本住宅公団などの、いわゆる団地（ダンチ）である。団地とは本来、一団のまとまった土地の意味だが、そこに建設された鉄筋コンクリートの集合住宅（アパート）の建物群を特に指して、「団地（ダンチ）」と呼ぶことが定着した。横浜線と相模鉄道とにはさまれた一帯、つまり港北・緑区と保土ケ谷・旭区の境界付近の丘陵地は、横浜市域でもきわだった「ダンチ」集中地帯だった。

だが、横浜線にはそれ以前より改善が求められていた課題があった。まず戦時中に中止さ

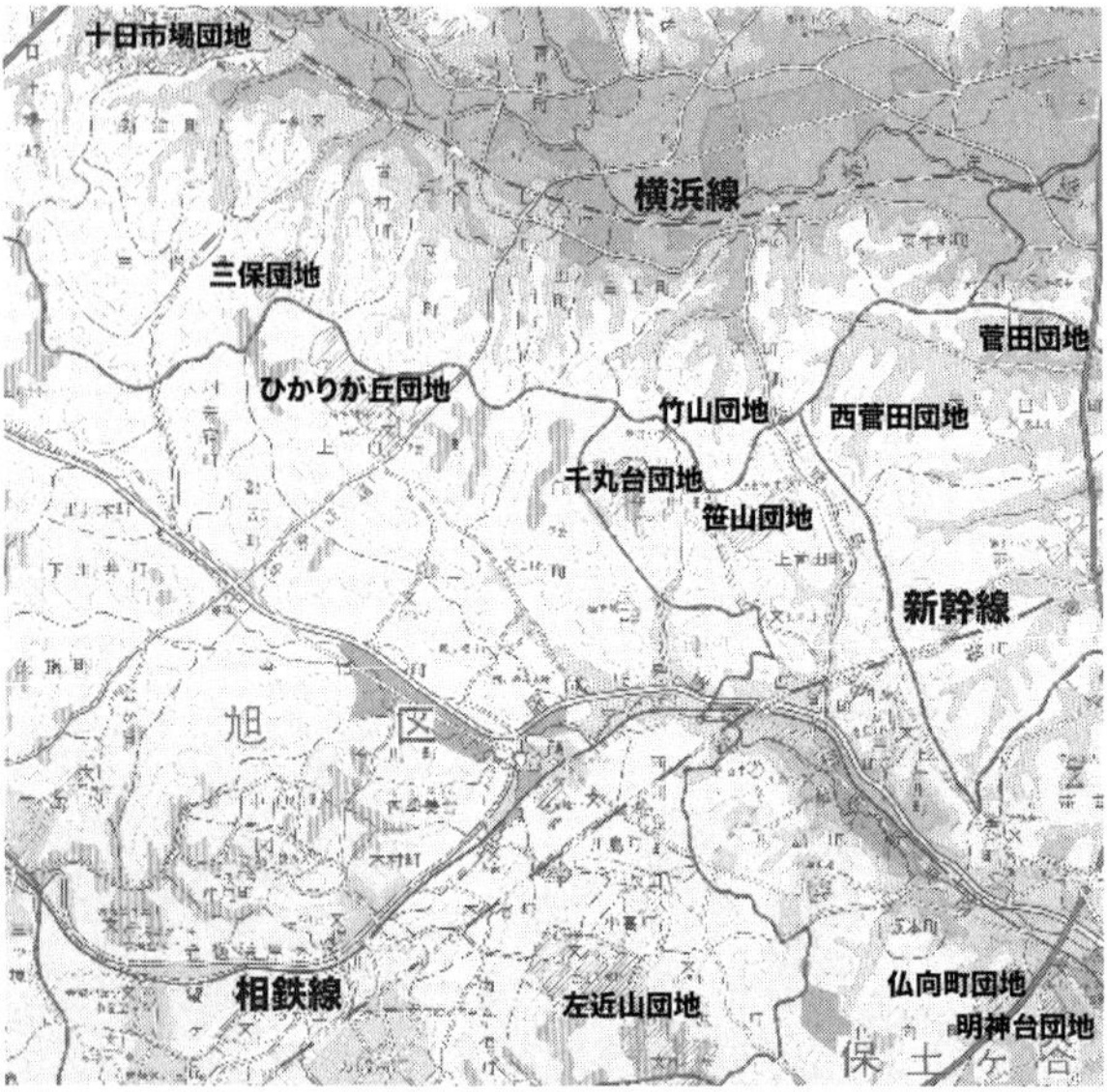

横浜線・相鉄沿線の「ダンチ」集中地帯　「最新横浜全図」部分（1969 年）
横浜開港資料館所蔵　著者加筆

れた桜木町駅への乗入れである。一九五〇（昭和二十五）年、横浜商工会議所は「市経済中心部への勤労者の通勤並に業者の官庁、取引先及び金融機関との連絡が著しく不便となり、終戦後急速に発展しつつある同沿線居住者は〔中略〕横浜線を中心部に直結する」ことを強く望んでいるとし、その再開を陳情した。これはやがて一部が実現し、一九五九（昭和三十四）年四月、日中のみ横浜線の電車が桜木町駅を発着するようになった。そして、根岸線の開通後は、乗り入れ区間が磯子駅まで延長される。

次に途中の新駅設置である。小机〜中山駅間ではその請願運動が戦前から起きていた。結果的に高度成長期に入った一九六二（昭和三十七）年十二月、地元の出資による請願駅として鴨居駅が開業した。駅の北側の鶴見川流域は内陸の工業地域として整備中であり、すぐに松下グループ（当時）等の工場が進出した。一方、南側の丘陵地には一九七〇年代に入ると、県の住宅供給公社の竹山（一九七〇年）や住宅公団の西菅田（一九七一年）などの大規模団地が入居を開始する。なお、菊名〜小机駅間には一九六四（昭和三十九）年十月、東海道新幹線との交差点に乗換え駅として新横浜駅も設置された。

そして、最大の課題が複線化だった。横浜市の都市計画である「横浜国際港都建設総合基幹計画」（一九五七年）には、国鉄根岸線の建設とともに横浜線の複線化が明記され、一九五〇、六〇年代には県議会や横浜市会が再三、それを求める意見書を国に提出している。「産業の発達と著しい人口の増加は横浜線利用者の急激なる増加をきたし、現輸送力をもっては到底これに対応できない」とし、「利用者の殺人的混乱を緩和し輸送力の増強を図」ることを訴えた。

国鉄は工期を三分割し、まず東神奈川駅から小机駅まで、次に原町田駅まで、最後に八王子駅までの順で工事に着手することになった。神奈川県と横浜市、町田市、相模原市などでは横浜線複線化促進期成同盟を結成し、国鉄が発行する鉄道債券を引き受けて資金の調達に貢献する体制を整えた。そして一九六八（昭和四十三）年三月、小机駅までの複線化が完成した。

だが、「通勤五方面作戦」では総武本線や常磐線などの複々線化が先行し、横浜線の工事の進捗はその後、鈍かった。結局、高度成長期を終えた一九七八（昭和五十三）年十月にようやく中山駅までが複線化され、翌一九七九（昭和五十四）年に長津田駅、原町田駅へと順次延ばされた。なお、一九六〇（昭和三十五）年に入居が開始された横浜市営の大規模団地の十日市場住宅は、長らく中山駅から市営バスの利用が必要だったが、一九七九年四月にようやく最寄りに十日市場駅が、町田市の成瀬駅とともに開業した。

横浜線が都市高速鉄道としての体裁を完全に整えるのは、その後の一九八〇年代である。原町田駅は一九八〇（昭和五十五）年、小田急の町田（一九七六年に新原町田より改称）駅付近に移設されて、「町田」駅と改称され、駅前がバスと人で混雑をきわめた中山駅は橋上駅化し（一九八三年）、一九八八（昭和六十三）年三月には全線の複線化がようやく完了した。

■市営高速鉄道（地下鉄）の開業

一九六〇年代後半に都市交通機関としての限界を迎えた横浜市電は、一九六六（昭和四十一）年より路線の一部廃止が進められ、一九七二（昭和四十七）年三月に全て廃止された。市電が果たしてきた役割は、主に市営バスに引き継がれることになったが、市域全体の輸送を

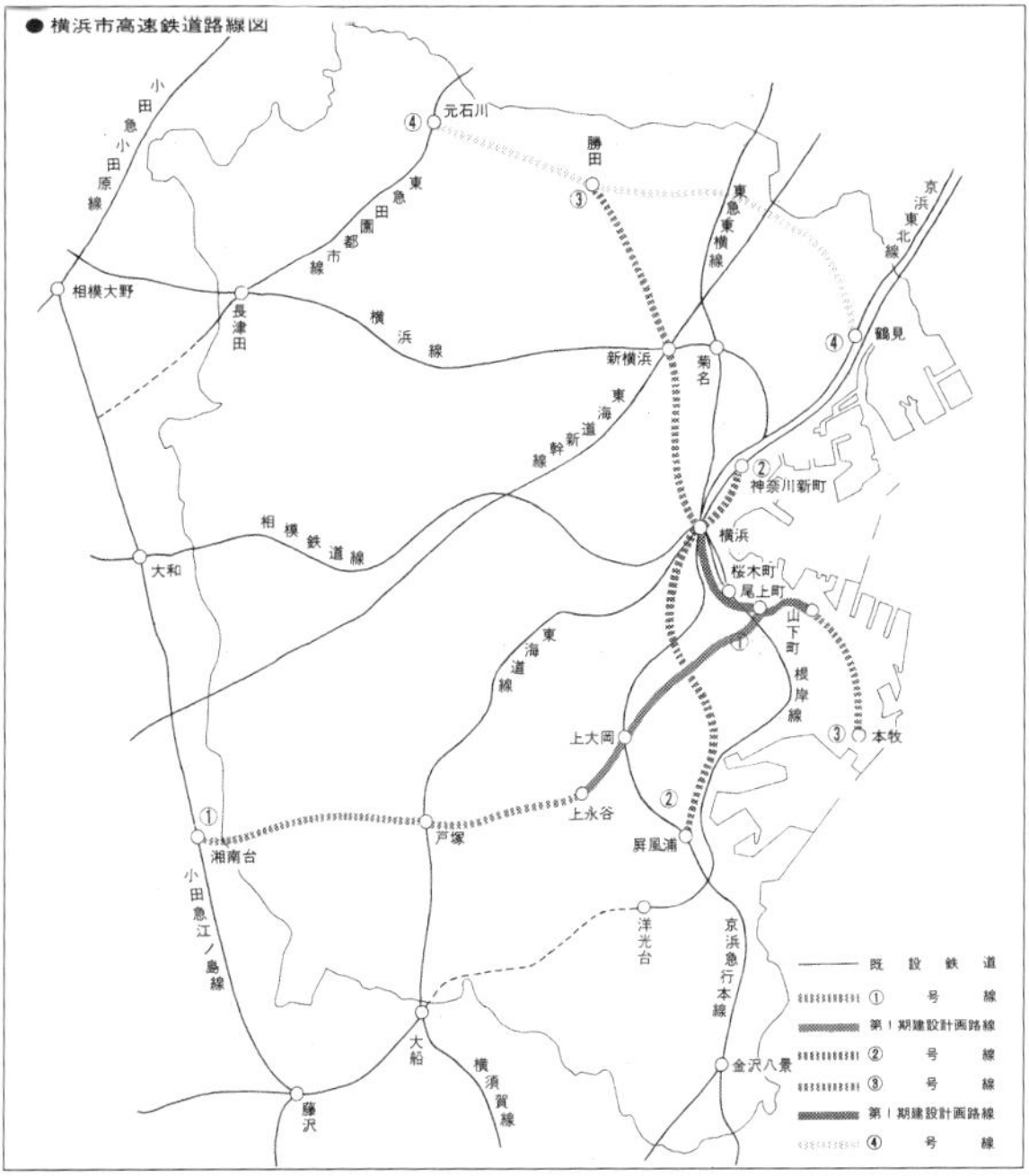

市営地下鉄の路線計画図　『横浜市の高速鉄道計画』横浜市交通局（1971年）挿図　横浜市中央図書館所蔵

担う新たな交通機関として、市営の高速鉄道、つまり地下鉄が建設されることになった。

横浜で最初の地下鉄の構想は、終戦直後にさかのぼる。一九四九（昭和二十四）年、横浜市は戦災からの復興都市計画を「横浜市建設計画」としてまとめ、そこに市域全体を循環する巨大な環状高速鉄道の計画を盛り込んだ。環状鉄道は中心市街地では地下線を走り、郊外では高架線を走るとされた。しかし、この計画は時期尚早とされて実現せず、十六年後の一九六五（昭和四十）年、飛鳥田一雄《いちお》市長の下で公表された「横浜の都市づくり」構想、いわゆる「六大事業」計画において都市高速鉄道、つまり地下鉄の整備が盛り込まれた。翌一九六六（昭和四十一）年、運輸省の諮問機関である都市交通審議会の答申を受けて、十月に横浜市会で市営地下鉄の建設が決定した。

路線のルートは、郊外から中心部へ集まるかたちに改められ、一号線（六会《むつあい》付近～戸塚～上大岡～関内）、二号線（屏風浦～八幡橋～横浜駅～神奈川新町）、三号線（本牧～山下町～横浜駅～新横浜～勝田）、四号線（鶴見～勝田～元石川付近）の四つが計画された。うち一号線の上大岡から関内までの区間と、四号線の山下町から横浜駅までの区間が早急に建設されることになった。

横浜市交通局の運営する高速鉄道（地下鉄）は、一九六八（昭和四十三）年十月に着工され、市電が全廃された一九七二（昭和四十七）年の十二月、まず上大岡～伊勢佐木長者町駅間で営業を開始した。地上に通る鎌倉街道（県道二十一号）・横須賀街道（国道十六号）は市内で最も渋滞の著しい区間だった。本来はビジネス街の関内地区まで早急に開通させるはずだったが、工事中の首都高速道路横羽線との調整のため、伊勢佐木長者町駅を暫定的な終点とし、ここから関内地区まで無料の連絡循環バスを走らせた。

市営地下鉄の上永谷〜横浜駅間開通のポスター　1976年　横浜都市発展記念館所蔵

関内地区に予定された駅は、具体的な位置を吉田橋付近（港町）に定め、当時のヒット曲「伊勢佐木町ブルース」（一九六八年）で全国的にも有名になった横浜随一の繁華街から、「伊勢佐木町」駅と仮称していた。だが、首都高速道路との調整の結果、位置を尾上町交差点に移すことが決まり（一九六九年）、後の開業時に正式な駅名は「関内」となる。一方、伊勢佐木長者町駅は、所在地から「長者町」駅と仮称していたが、駅名に採用できなくなった「伊勢佐木町」の名をこちらに合成し、七文字の長い駅名が生まれた。

　建設工事は引き続き急ピッチで進められ、一九七六（昭和五十一）年九月には、伊勢佐木長者町〜関内駅間と、当初から急がれていた三号線のうち関内〜横浜駅間、そして、郊外での輸送を担うべく一号線の上永谷〜上大岡駅間が竣工し、市営地下鉄は一号線と三号線を連結して、上永谷駅から横浜駅までの一本の路線を全通させた。地下鉄が横浜駅に乗り入れ、初めて国鉄に接続した。

その後、京浜急行電鉄のバイパス線として建設が予定された二号線は、同電鉄の輸送力の増強が進み必要性が弱まったため、計画が廃止されるが、三・四号線は新横浜駅・港北ニュータウン（勝田）・多摩田園都市（元石川付近）方面へ、一号線は戸塚・湘南台（六会付近）方面へ着実に延伸を続ける。

横浜市電の路線網は、関内地区を中心に放射状に伸びるものだったが、それに代わる市営地下鉄は、国鉄の根岸線に続いて、横浜駅に集中する鉄道路線網に新たな一本を加えることになった。

■東京都心を直結する田園都市線

東京急行電鉄の東横線は一九六四（昭和三十九）年八月、日吉駅から中目黒駅を介して、東京の営団地下鉄（現・東京メトロ）日比谷線へ直通運転を開始し、また、京浜急行電鉄もすでに述べた通り、都営地下鉄浅草線との直通運転を開始した。東急や京急の私鉄により一九六〇年代には横浜市域から、渋谷駅や品川駅での乗り換えなしに、東京都心まで到達することが可

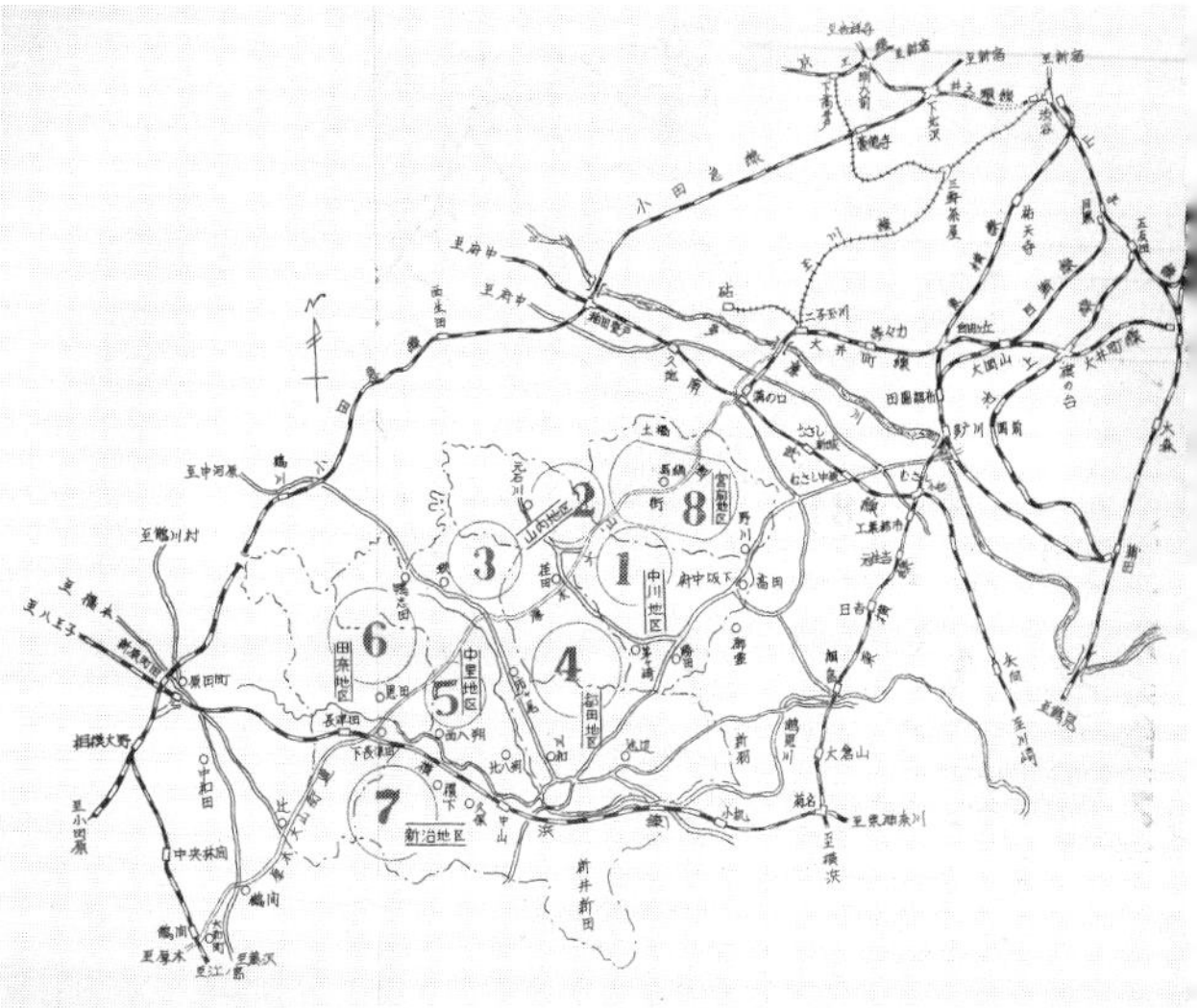

多摩田園都市の最初の計画図　『城西南地区開発趣意書』東京急行電鉄株式会社（1953 年）付図　東急株式会社所蔵

能になった。

　さらに、横浜の郊外と東京都心とを直結する鉄道路線も誕生する。一九六六（昭和四十一）年四月に溝の口〜長津田駅間に開通した東京急行電鉄の田園都市線である。その建設は多摩田園都市の開発と一体化したものであり、それは会社設立以来の「田園都市」の理念を受け継いだ、「東京郊外の新都市」「第二の東京」の開発だった。一個の鉄道会社が実現させた開発プロジェクトとしては、史上最大規模のものである。

　東急電鉄は一九五三（昭和二十八）年一月、会長の五島慶太が「城西南地区開発趣意書」を発表。開発を手がけたのは多摩丘陵の一角で、横浜市港北区（当時）から川崎市の北部の鉄道空白地帯である。開発エリア内の複数の地区ごとに、地主たちによる組合を結成させ、土地区画整理事業の実施を東急電鉄がけん引する、いわゆる「東急方式」と呼ばれる手法がとられた。事業着手の第一歩は川崎市の野川地区（現・宮前区野川台）と横浜市の恩田地区（現・青葉区つつじが丘）で、一九六〇年代前半には住宅地の分譲と居住が開始された。なお、野川地区の付近には当初、渋谷から江ノ島までの建設が構想されていた有料の自動車専用道路（ターンパイク）が通る予定だったが、実現しなかった。

そして、一九六三（昭和三十八）年十月に「多摩田園都市」という名称が決定し、同時に既存の大井町線（大井町〜溝の口駅）を「田園都市線」に改称。その三年後に田園都市線が長津田駅まで延伸されることになる。途中の仮称・元石川駅は、「たまプラーザ」駅と名付けられた。周辺の住宅地は「美《うつく》しが丘」という町名が付され、歩車道の完全分離、ループ状の行止り式街路など、「第二の田園調布」として多摩田園都市のなかでも重点的に開発された。続けて田園都市線は、つくし野（一九六八年）、すずかけ台（一九七二年）、つきみ野（一九七六年）の各駅へと順次、延伸されていく。

ただし、この段階の田園都市線の電車の始発・終着駅は大井町駅で、東京都心への通勤には京浜東北線に乗り換える必要があった。その後、東急電鉄は路面電車の玉川線（一九六九年廃止）のルートに一九七七（昭和五十二）年四月、新玉川線（渋谷〜二子玉川園（現・二子玉川）駅）を開通させ、田園都市線と接続させた。そして、一九七九（昭和五十四）年八月、東急の田園都市線・新玉川線と、営団地下鉄半蔵門線の青山一丁目駅までにまたがる相互直通運転が実現する。大手町や日本橋（三越前駅）までの直通化はさらに年月を要するが、こうして東急電鉄は横浜市域の北部と東京都心とを、横浜駅や横浜の中心部を経由せずに直結する鉄道ルートを確立した。

高度成長の後、先述の通り、横浜市は夜間（居住）人口が日本最大となるが、それは市域の郊外が、首都圏のベッドタウンに組み込まれたことに他ならなかった。横浜市に居住していても、開港以来の港町・横浜との縁はうすい、いわゆる「横浜都民」が多数、誕生することになった。すでに一九六六（昭和四十一）年、横浜市が発行した『市民生活白書〜新しい横浜の記録　各論』には、「住宅団地が東京都心と結びついてつくられ、横浜の既成市街地とは関連なく発展していい」き、「そこに住みついた市民たちは、横浜のほかの地域に住む市民とは交流もなく〔中略〕東京との関係だけで生活していく人たちである」と記されている。

東急の田園都市線の開通は、そんな横浜の特性を地理的に象徴する鉄道の誕生だった。

（五）横浜駅周辺の商業開発

■「未開の原野」横浜駅裏口

戦前・戦後に多くの鉄道路線が集中する横浜駅だが、その周辺は、前章で述べた通り、関東大震災で焼失した石油工場の広大な跡地である。駅の開業から十年以上が過ぎた一九四〇（昭和十五）年頃においても、商店や事務所などの立地はほとんどなく、空地や資材置き場、運河、倉庫などに囲まれ、人でにぎわう場所とはなっていなかった。

表側の東口は、大規模な駅舎と駅前広場、国道と市電が整備されていたものの、裏側の西口は小規模な駅舎と乗降口が設けられただけで、一帯の土地はアメリカのスタンダード石油が引き続き所有し、空き地が広がるままだった。

当時の様子は、「横浜駅裏の空地は〔中略〕当然横浜の殷賑《いんしん》地の一つに数えらるべき趨勢を背負いつゝあるにも拘らず〔中略〕農村にも見られぬ未開の原野を展開し」（『横浜貿易新報』一九三九年十一月二十日付）、「横浜市の大玄関である横浜駅西口前の七千余坪に亘る大空地は米国スタンダード石油会社の所有地で大正十二年の大震災後空しく雑草繁茂のまゝに放任されれ」（『神奈川県新聞』一九四一年十月二十四日付）、などと報じられている。

開発前の横浜駅西口　1955年頃　長谷川弘和撮影・横浜都市発展記念館所蔵

それでも太平洋戦争が始まったのをきっかけに、敵国となったアメリカのスタンダード石油の所有地を収用して、横浜駅西口を振興しようとする動きが本格化する。一九四二（昭和十七）年、南幸《みなみさいわい》町や北幸町、岡野町などの住民によって「横浜駅西口振興期成同盟会」が結成された。ビル街や商店街、住宅街、倉庫街などとすることが企図されたが、戦局の悪化によってか、頓挫したようである。

戦時の空襲では東口のコンクリート造りの駅舎は無事だったが、駅裏の西口駅舎は焼失した。終戦後、簡易な木造の駅舎が設置されている。駅の周辺は米軍（連合国軍）に接収され、やはり資材置き場などに利用されるだけだった。

■西口「横浜センター」の建設とターミナルデパートの誕生

横浜駅周辺の土地の接収が解除されたのは、一九五二（昭和二十七）年である。この機に西口一帯のスタンダード石油の所有地を譲受することに成功したのは、西口の国鉄駅舎に隣接してホームを置く相模鉄道だった。

相模川の砂利の輸送を主とした神中鉄道の後身である相模鉄道は、終戦直後の一九四七（昭和二十二）年六月、海老名駅までを結ぶローカル私鉄として再生したばかりだった。相鉄が譲受した土地を含む南幸・北幸町から岡野町にかけての地区では、まず一九五二（昭和二十七）年、区画整理事業が横浜市の主導で開始された（「岡野地区区画整理事業」）。これによる換地にともない、地主である相模鉄道も一部の所有地を供出し、駅前広場と駅から伸びる街路（都市計画道路）が整備された。

そして、相模鉄道は社運をかけて、取得した土地に繁華街の建設を目論んだ。一九五六（昭和三十一）年四月に「横浜駅名品街」という名のアーケード商店街と髙島屋ストアを開業させた。東京駅の八重洲口に開業した東京駅名店街（一九五三年開業）を見本にし、文明堂（カステラ）や山本山（お茶）などの有名店を誘致した。翌年九月には、飲食店と映画館・遊戯場などの入る相鉄文化会館も完成させる。この計画的につくられた人工繁華街の全体が「横浜センター」と名付けられた。

「駅の裏口に果たして人が集まるのか」という疑問や不安も大きかったようだが、相鉄では同時期に線路の複線化や沿線開発を進め、高速郊外電車としての体裁を整えていた。また、横浜駅にはすでに述べた通り多くの鉄道路線が集中し、汽車（列車）を利用する長距離の旅行客が主役だった戦前と異なり、多くの通勤通学客が日々行き来するという交通条件から、繁華街は集客に成功していく。

さらには百貨店の建設が計画された。相鉄では直営の百貨店の設置を検討し、また、東京の三越に出店を打診するなどしたが、最終的にターミナル百貨店の経営に実績のある関西の高島屋の誘致を決める。高島屋ストアは、それに応じた高島屋がまず試験的に設けていた簡易なマーケットである。伊勢佐木町や元町などの、老舗の商業関係者との調整を経ながら、繁華街の開発が軌道に乗った一九五九（昭和三十四）年十月、横浜髙島屋がオープンした。当時、最大規模のデパートであり、横浜で初のターミナル百貨店の誕生だった。

横浜駅名品街オープンのチラシ　1956年
提供：相鉄グループ

この頃に編纂された地誌、『日本地理風俗大系　第四巻』誠文堂新光社（一九六〇年）は横浜駅に

製材工場
飲食店
変電所
マツダ
金
港
鶴屋橋
銀行
パチンコ
ガソリン
スタンド
ニュージャパンモーター
たぬき小路
月見橋
運送会社
東急ホテル
36
金港橋
三菱倉庫
横浜駅
菱光倉庫
バス乗場
駅前ホステル
宿泊所
横浜駅表口
新興クラブ
横浜市交通局西自動車営業所
鉱産燃料協同組合貯炭場
よこはま
タクシー乗場
高島通
二丁目
(警察本部隣地)
神奈川郵便局
崎陽軒
ガソリン
スタンド
自動車工場
第一銀行
旅館
マイナミ貿易
三菱銀行
万里橋
旅館
倉庫
神奈川都市交通
二丁目
高島貨物駅

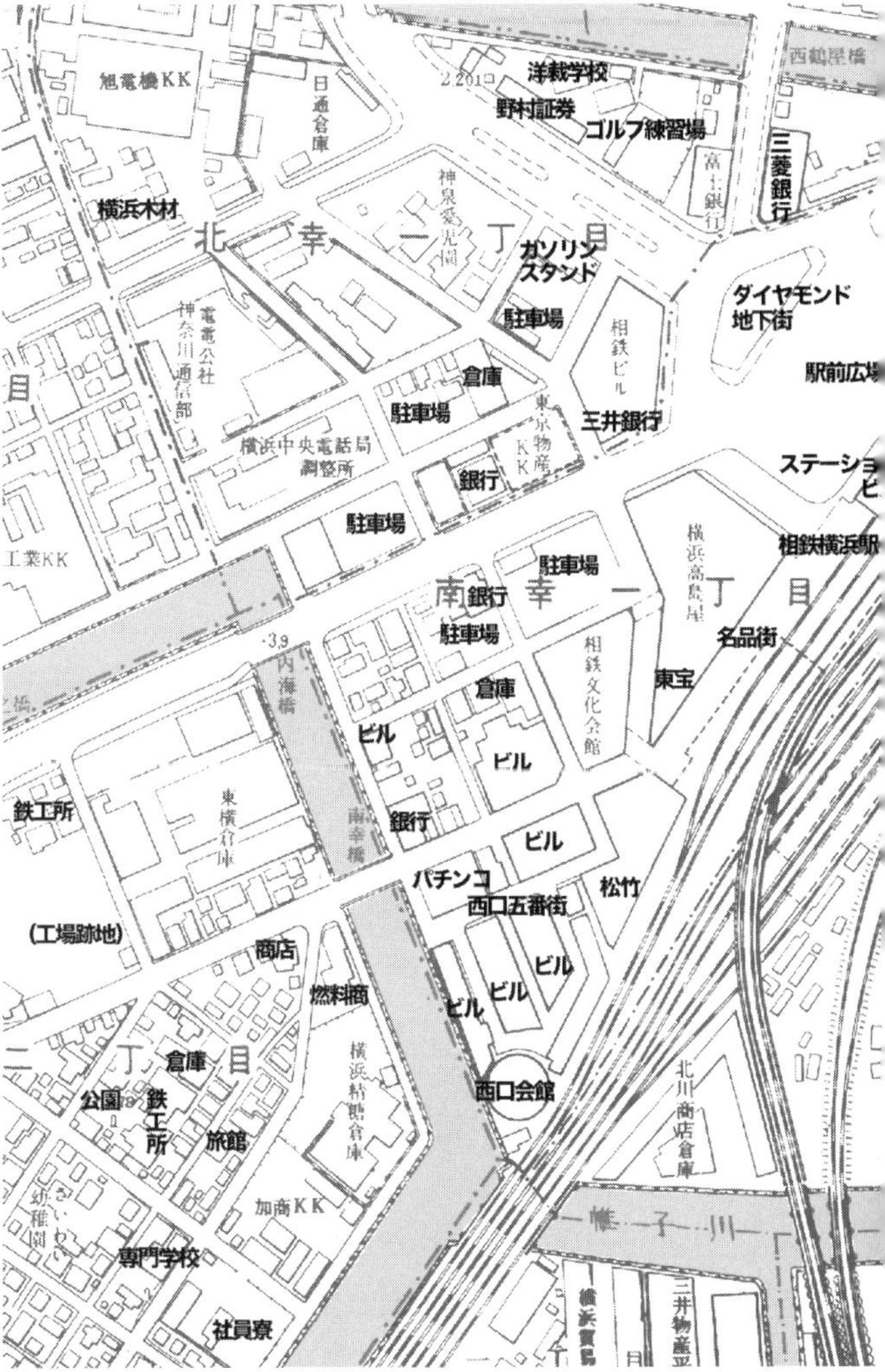

1960 年代の横浜駅周辺の商業施設　横浜市 3 千分1地形図「三ッ沢」（1963 年）「神奈川」（1965 年）に著者加筆

ついて、「一歩駅の構内にはいると、朝夕のラッシュアワーのざっとうぶりは、ものすごい。ここでは通勤者の大部分が乗りかえ客で、駅の外にでる客はひじょうに少ない」としつつ、「近年、西部地域の住宅化が進むにつれ、表駅前にかわって裏駅前が急速に繁華になった。横浜第一のデパート、アーケードをもった商店街、映画館・飲食店など近代的なすがたになっている」と記し、その変容ぶりをとらえている。

■民衆駅と地下街、繁華街「西口」の拡張

一九六〇年代以降の横浜駅西口の発展は急激だった。横浜センターの建設に続き、仮設の建物だった国鉄の西口駅舎が一九六二(昭和三十七)年十一月、いわゆる民衆駅方式で「横浜ステーションビル」として建て替えられた。民衆駅とは、国鉄と地元企業の共同出資で建設された駅舎で、地元企業はその構内でテナントとして営業が認められる。国鉄の駅舎は小売店や飲食店の入る商業ビルとなった。当時のチラシや雑誌に、「横浜センターのかなめ」とも「花の駅ビル」ともうたわれた。

同時に駅構内の地下通路の拡幅も行われている。すでに一九五〇(昭和二十五)年には跨線橋も増設されていたが、旅客の増加に対応できなくなっていたのだ。そして、一九六四(昭和三十九)年十二月には横浜で最初の地下街「ダイヤモンド地下街」が駅前広場の下に完成した。

ステーションビルと地下街のいずれも、相模鉄道を筆頭に複数の企業の共同出資によるもので、前者は相鉄と鉄道弘済会、崎陽軒、東京急行電鉄の出資する株式会社横浜ステーションビルが、後者は相鉄と東京急行電鉄、鉄道弘済会、横浜高島屋などが出資する横浜地下街株式会社が運営した。

また、南幸地区から都市計画道路をはさんだ北幸地区には、オフィスビルの相鉄ビル（一九六一年）が建設されたのをはじめ、銀行や多くの事務所が立地し、金融・保険業を中心にビジネス街としての機能も整えられていった。

その後、相鉄資本以外の事業者の進出も進み、繁華街はさらに広がっていく。川崎市を創業の地とする岡田屋（一九六八年）と、かつて出店を見合わせた三越（一九七三年）の両百貨店が西口広場に面して出店した。また、相鉄文化会館の西側は、一九六〇（昭和三十五）年頃より主に飲食店や娯楽サービス店の入る雑居ビルが集まり、西区南幸一丁目の五番地にあたることから、「西口五番街」と称していた。その一つで「西口会館」と呼ばれた円形のビルは、現在もその姿の一部をとどめている。

五番街から、運河にかかる南幸橋を渡った南幸二丁目は、もともと工場や倉庫が多く立地していたが、一九七〇年代後半になるとそれらがスーパーマーケットのダイエーとニチイ（現・ビブレ）に変わり、周囲の住宅も小売店や飲食店に変わっていった。渋谷のセンター街や大阪・

ミナミのアメリカ村に似た光景の、若者の集まる街がここに生まれる。

一方、パイオニアである相鉄も、駅の改造を含めた商業施設のリニューアルをはかる。名品街と文化会館を撤去して、一九七三（昭和四十八）年、新しく巨大商業ビルの相鉄ジョイナスをオープンし、高島屋も大幅に拡張された。翌年二月には相鉄線ホームの高架化が完成し、位置が平沼橋駅寄りに後退した。また、市電（路面電車）全廃から四年後の一九七六（昭和五十一）年九月、今度は市営地下鉄が横浜駅まで延伸し、そのホームはジョイナス地下の脇に設けられた。

■東口開発の着手

では、横浜駅の西口に対して東口はどのように変化したのだろうか。昭和初期の移転とともに、大規模な駅舎が置かれた表側の東口は、戦後も長距離列車の旅行客にとって横浜の玄関の役割を果たし続けた。だが、その役割は順次、新幹線の新横浜駅に移っていく。また、もともと東口には広幅員《ふくいん》の国道をはさんで、海面と高島貨物駅のヤードが迫り、市街地が展開する余地は少なかった。一九七〇年代には、西口と対照的に商業化の遅れが目立ち、逆に裏口のような印象を与える景観と化していた。

東口のすぐ前を通る国道一号（東海道）の路上に、横浜市電の「横浜駅前」停留場と軌道があった。駅舎と国道の間に整備された駅前広場は、市営・民営の路線バスや観光バス、タクシーが発着。広場に面して神奈川郵便局（現・横浜中央郵便局）や崎陽軒の店舗などがあった。その南側から帷子川を越えて、高島町の交差点付近に至る一帯（旧・西区高島通一丁目）は、戦前の東京横浜電鉄による開発地だった。

戦後にもっぱら注目されるのは、駅前から国道をはさんだ東側の「出島」と通称される地区だった（旧・西区高島通二丁目。現・西区高島二丁目の一部）。出島は大正時代に横浜市等が造成した埋立地で、事務所ビルの新興倶楽部の建物（前身は横浜社会館と称する神奈川県の福祉施設）が国道に面して建ち、警察本部の跡地、市営バスの車庫などがあった。一九五一（昭和二十六）年に埋立地が増設されて貯炭場もできた。これらは県や市の公有地であるため、西口と違って東口（駅前から出島にかけての一帯）の開発は、主に横浜市の主導で進められることになる。

まず、一九六八（昭和四十三）年に警察跡地に民間の商業施設の駅前振興ビル（愛称「スカイビル」）が竣工する。その後、一九七一（昭和四十六）年に横浜市と神奈川県の第三セクターである横浜駅東口開発公社が、開発事業の主体となった。計画が本格的な実現を迎えるのは一九八〇年代である。

すでに国鉄でも横須賀線電車の線路の分離（貨物線の旅客化）などの改良工事が進められて

きたことは、先に述べた通りである。一九八〇（昭和五十五）年、十月に横須賀線のホームが横浜駅に新設されると（九・十番線）、十一月には約半世紀にわたって使用された駅舎が商業ビル「ルミネ」に建て替えられた。日本国有鉄道は本来、駅や沿線でのビジネスを許されていなかったが、規制が緩められて関連会社のルミネが設立され、駅ビルでの商業活動が展開されることになった。翌年十一月には、改札口に阻《はば》まれて西口と東口の間で行き来ができなかった駅構内に、それが可能な36m幅の自由通路が整備された。

そして、国鉄の工事と並行しながら、東口の開発事業も進展を見せる。一九八〇年十一月、ルミネの開業と同時に、駅前広場から国道一号にかけての地下に地下街「ポルタ」が完成。これは東口開発公社によるものだったが、以後は京浜急行電鉄、横浜市、神奈川県、崎陽軒などの出資による横浜新都市センター株式会社が開発事業を引き継ぎ、一九八五年（昭和六十）年九月には、出島地区の新興倶楽部や市営バスの車庫の跡地に横浜新都市ビルが竣工した。ここにキーテナントとして、百貨店のそごうが入り、日本最大級の規模で横浜そごうがオープンする。

新都市ビルの地上構内には東口バスターミナルが設けられ、横浜市営バスを中心に、京浜急行電鉄や神奈川中央交通の民営の路線バスとが発着をするようになった。また、夜行高速バスの発着も開始される。一九八九（平成元）年、神奈川中央交通が奈良を皮切りに（二月）、京都・

大阪、広島などへの路線を開設した。これが神奈川県での最初であり、翌年四月には青森県とを結ぶ京急バスの「ノクターン」号が登場した。

なお、一九七八（昭和五十三）年五月の新東京国際空港（現・成田国際空港）の開港を受けて、翌年十二月には東口から約７００ｍ北東のポートサイド地区（神奈川区大野町）にＹＣＡＴ（横浜シティ・エア・ターミナル）が開設された。ここから空港まで京急バスの運行が開始され、東口とＹＣＡＴとの間にはシャトルバスが設定された。ＹＣＡＴは一九九六（平成八）年九月、スカイビルが建て替えられるとともにその一階に移され、空港へのリムジンバスと夜行高速バスが発着するようになる（東口バスターミナルとＹＣＡＴは連接）。

■横浜駅と横浜の商業地図

横浜駅は高度成長期以後、首都圏の通勤路線網の一角に組み込まれた影響はもちろん、周辺の商業開発と連動しながら、急速に巨大化していった。大正時代より横浜市内の国鉄駅の乗客数は、戦時中を除き、桜木町駅が最も多かったが、高島屋が開業した一九五九（昭和三十四）年、横浜駅が桜木町駅を上回った。それでも神奈川県全体では、京浜工業地帯を抱える川崎駅が一九五〇年代後半より首位にあったが、西口繁華街の拡張が進む一九七〇（昭和四十五）年には、横浜駅が川崎駅を追い抜き（一日あたり約十七万人）、その後、横浜駅の乗客数は二十万人、三十万人と、市内・県内のいずれにおいても断トツで増えていく。

さて、横浜の都市の中心（都心）は戦前より、開港場に由来する関内地区から、「ハマの銀座」と呼ばれた伊勢佐木町へかけてにあった。そもそも都心の機能とは、（一）政治・行政、（二）経済・金融、（三）商業・サービス業の、それぞれの中枢を担う機能であり、それは①官公庁街、②ビジネス街（中枢業務地区）、③中心商店街（繁華街）というかたちで、都市の中心に現れる。一九五〇年代までの横浜では、関内地区が①と②、伊勢佐木町が③に相当した。

ところが、一九六〇年代以後の横浜駅西口の発展は、そんな横浜の都心機能を関内・伊勢佐木地区と駅周辺の二極に分解した。特に（三）の機能については、駅周辺の発展の影響が顕著だった。

神奈川県や横浜市がアンケートをもとに行った消費（購買）行動の調査の結果によると、まず一九六〇年代には、市電の走る旧市街地（主に中・南・西・磯子区などの市域中南部）に住む人々は主に伊勢佐木町へ買い回り品（高級品）などの大きな買い物に出かけ、国鉄や私鉄沿線の郊外（主に神奈川・港北・保土ケ谷区などの市域北西部）の人々は横浜駅西口へ、というおよそのすみ分けが成立するようになった。

続いて、西口の繁華街が完成した一九七〇年代半ばをおよその区切りとして、横浜の商業地図はさらに変化する。（三）の機能が伊勢佐木町から西口へ完全に移り、一九八〇年代には市内のいずれの区からも横浜駅周辺へ出かける人が圧倒的に多くなる。市域外の大和市や藤沢市、横須賀市などからも人を集め、神奈川県東部の中心商店街としての地位を確立した。

　作家の五木寛之は雑誌の対談の中で、そうした横浜西口について、「横浜高島《ママ》屋があって、相鉄ジョイナスというのができて、三越があって、地下がダイヤモンド街というんですが、この辺の活気というのは恐るべきもんですよ。これはもう旺盛な食欲と人間の渦がワーッと音を立てて渦巻いてるような活気があるんです」と語っている（「紀行対談七〈横浜篇〉ミナト町の運命」『現代』一九七五年七月号）。そして、「横浜そのものが、たとえば伊勢佐木町とか、元町とか、あるいは中華街とか、そういうもの自体から、横浜の中での勢力の交代というか…。〔中略〕横浜の西口広場、あるいは西口の商店街とか地下街なんていうのは〔中略〕横浜のガイドブックなんかにも載らない。だけど、生きているという実感覚はものすごいもんです」と、横浜の新しい商業地図を表現していた。

　横浜駅周辺地区の商業（小売業）従事者数は、当時すでに一万人に近く、それは東京の銀座地区や渋谷駅周辺に迫る規模で、新宿駅周辺の半分ほどの規模にまでなっていた。駅が交通のターミナルとして巨大化するとともに、観光地としての魅力はとぼしいものの、伊勢佐木町をはるかにしのぎ、東京を代表する繁華街と肩を並べるまでに発展していったのである。

（六）ＪＲ・私鉄・地下鉄の時代

■ＪＲの誕生と鉄道貨物

日本国有鉄道は、一九六〇年代後半以降の累積赤字を最大の要因として、一九八七（昭和六十二）年四月より分割・民営化された。東京・横浜周辺の旅客線（在来線）はＪＲ東日本（東日本旅客鉄道）が引き継ぐことになり、新幹線はＪＲ東海（東海旅客鉄道）、貨物線はＪＲ貨物（日本貨物鉄道）の運営下に収められた。

ＪＲ東日本では、山手線や中央線、京浜東北線など、東京周辺の近距離（通勤型）電車に対して、「E電」（east より）という呼称が制定された。戦前の「省電（省線電車）」、戦後の「国電（国鉄電車）」に代わるものだった。ただ、長距離の列車が汽車（機関車のけん引する列車）だった時代は、特に汽車と電車を区別する意味があったが、ほとんどが電車化された現代、わざわざ「E電」と呼ぶ必要はなく、結局は定着しなかった。

国鉄の分割・民営化に先立ち、大幅に合理化が進められたのは貨物列車である。一九六〇年代後半には貨物輸送の主役が自動車に転換し、鉄道貨物の衰退が始まった。その頃、横浜の臨港貨物線は、根岸線への接続を果たした後、一九六五（昭和四十）年七月に横浜港駅から山下埠頭貨物駅へ新線を延ばしたばかりだった。山下ふ頭は一九五八（昭和三十三）年に竣工し横浜港の主力となったが、山下ふ頭への貨物線延伸は、途中で山下公園を通過するため、景観上の問題から着工が遅れたのである。

そして、自動車輸送が中心となる時代はすぐに訪れた。結局、一九七九（昭和五十四）年以降、東横浜や横浜港、高島などの貨物駅の、信号場への格下げや廃止と、支線区間の廃止が進められた。一九八六（昭和六十一）年十一月に横浜港〜山下埠頭間、翌年三月に高島〜東横浜〜横浜港間が廃止された。ＪＲ化以後、臨港貨物線は鶴見〜東高島〜桜木町駅間（通称・高島線）を残すのみとなる。

また、国鉄の鉄道貨物は、貨車の操車場（ヤード）と末端の無数の貨物駅によって、貨物列車の運行網を全国に張りめぐらしていたが、一九八四（昭和五十九）年、これを全て廃止し、主要な拠点間の直行列車のみとする大改革を実施した。一九二九（昭和四）年に建設された新鶴見操車場は、戦前・戦中・戦後と貨車の巨大基地として機能してきたが、これも廃止され信号場に格下げされた。

存続された貨物線には、東海道の貨物支線を始め、線路容量に余裕が生まれることになった。これら鉄道貨物の、いわば「遺産」を活用し、ＪＲの旅客輸送が新たな展開を見せていくのである。

■高速鉄道の整備計画

国鉄の分割・民営化に向けた準備が進められる中、運輸省の諮問機関である運輸政策審議会は一九八五（昭和六十）年七月、「東京圏における高速鉄道を中心とする交通網の整備に関する基本計画について」という答申を出した。これは二十一世紀に至るまで、首都圏の鉄道整備のグランドデザインになっている。

そこには新設するのが適当な路線として、横浜に関係があるところでは、およそ次の六つが掲げられている。横浜（地下鉄）一号線の新設（舞岡～戸塚～湘南台）／横浜（地下鉄）三号線の新設（新横浜～港北ニュータウン～あざみ野）／横浜（地下鉄）四号線の新設（日吉～港北ニュータウン）／みなとみらい21線の新設（東神奈川～みなとみらい21地区～元町付近）／相模鉄道いずみ野線の延伸（いずみ野～湘南台）／二俣川から新横浜を経て大倉山へ至る路線の新設。また、新設を検討すべき路線として、横浜環状線（根岸～上大岡～東戸塚～鶴ヶ峰）などが示された。

その後、二〇〇〇（平成十二）年一月にも同じ題名の答申が出され、十五年間の進捗を踏まえて更新されているが、基本的な方向性は踏襲されている。国鉄がＪＲとして新しい歩みを始める一方、昭和末期から平成・令和の時代、私鉄と地下鉄を中心にこれらの高速鉄道の整備が進められていくことになる。

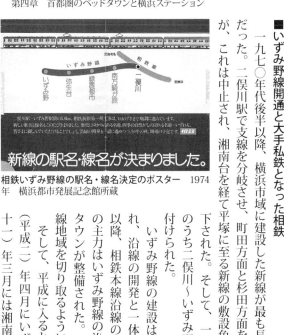

■いずみ野線開通と大手私鉄となった相鉄

一九七〇年代後半以降、横浜市域に建設した新線が最も長い距離におよぶ私鉄は、相模鉄道だった。二俣川駅で支線を分岐させ、町田方面と杉田方面を結ぶ計画が一九五〇年代にあったが、これは中止され、湘南台を経て平塚に至る新線の敷設免許が一九六八（昭和四十三）年に下された。そして、一九七六（昭和五十一）年四月、そのうち二俣川～いずみ野駅間が開通。「いずみ野線」と名付けられた。

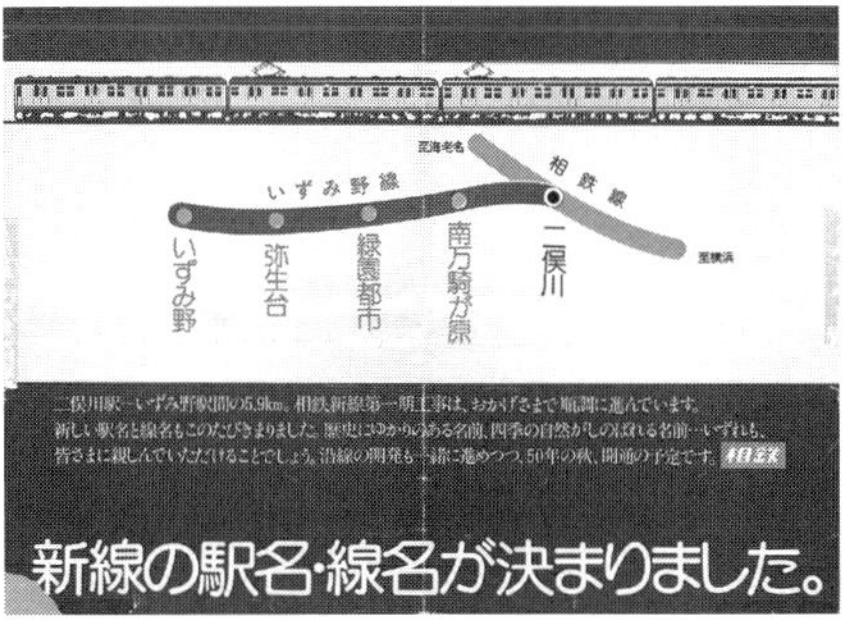

相鉄いずみ野線の駅名・線名決定のポスター　1974年　横浜都市発展記念館所蔵

　いずみ野線の建設は、東急田園都市線を範にしたとされ、沿線の開発と一体化して進められた。一九八〇年代以降、相鉄本線沿線の市街地化がほぼ終了し、宅地開発の主力はいずみ野線の沿線に移り、緑園都市などのニュータウンが整備された。一九八六（昭和六十一）年には沿線地域を切り取るように、横浜市泉区が成立する。

　そして、平成に入ると、先の答申にもとづき、一九九〇（平成二）年四月にいずみ中央駅まで、一九九九（平成十一）年三月には湘南台駅まで延伸開通する。その先の藤沢市内では、慶應義塾大学の湘南藤沢キャンパス付近（遠藤地区）までの延伸が今日も検討中である。

また、相模鉄道は一九九〇（平成二）年、日本民営鉄道協会より大手私鉄（民鉄）として認定される。大手私鉄は当時、首都圏に七社あり（東武、西武、京成、京王、東急、京急、小田急）、全国に十四社が存在したが（名鉄、近鉄、南海、京阪、阪神、阪急、西鉄）、ここに戦後初めて一社が加えられた（後に東京地下鉄も）。

■ブルーラインとグリーンライン

平成以降、横浜市営地下鉄も着実に延伸を続けていく。一九九三（平成五）年三月、新横浜駅から港北ニュータウンを抜けてあざみ野駅まで開通（三号線）。市営地下鉄と同じく横浜市の「六大事業」に掲げられ造成された港北ニュータウンに、仲町台、センター南、センター北、中川の各駅を設け、ニュータウンの開発を本格化させた。また、東京急行電鉄とは接続の調整に時間を要したが、あざみ野駅で田園都市線と接続することになった。あざみ野駅は一九七七（昭和五十二）年五月に開業した新駅で、東急電鉄はたまプラーザ駅に市営地下鉄が乗り入れることを希望したが、ルートが川崎市側に片寄るため敬遠したのである。

一方、一号線は戸塚駅への延伸後（一九八七年）、一九九九（平成十一）年八月に小田急江ノ島線の湘南台駅（藤沢市）まで開通した。こうして一号線・三号線と当初の四号線の一部を連結させ、湘南台〜あざみ野駅間の40・4㎞の路線が全通した（所要時間六十六分）。

また、四号線は当初よりかたちを変え、二〇〇八（平成二十）年三月、中山〜センター北・南〜日吉駅間（13・0㎞）が市営地下鉄グリーンラインとして開通する。名称は他に「はまちか線」「なかよし線」などの案もあったが、「グリーンライン」に決定し、同時に湘南台〜あざみ野駅間の路線を「ブルーライン」と命名した。色の名前だけを路線名に採用した鉄道の事例は、全国で他に見られない。なお、一九八四（昭和五十九）年から一九九六（平成八）年まで、市内観光用に定期運行された二階建てバスの名称に「ブルーライン」が用いられていた。

ところで、三号線のうち、未完のまま残された関内（尾上町）と山下町の間の路線については、一九六七（昭和四十二）年三月に事業免許を取得していたが、一九七三（昭和四十八）年、地質の問題で経由ルートを山下公園通りから本町通りの地下に変更した。そして、一九七五（昭和五十）年、工事の施行が認可されたが、本町通りは当時、「コンテナ街道」と揶揄《やゆ》されるほど、横浜港からの輸送用トラックにあふれていた。地下鉄工事にともなう道路渋滞が懸念され、バイパスとなる横浜港ベイブリッジが完成するまで、着工が延期されていたのである。

その後、路上に影響を及ぼさないシールド工法の導入や、ベイブリッジの開通（一九八九年）によって、渋滞回避の見込みが立ったが、一九八〇年代にはルートの多くが重複する「みなとみらい21線」の計画が浮上し、結局、一九九〇（平成二）年四月に地下鉄の事業免許は取り下げられた。

■第三セクターの地下鉄「みなとみらい線」の開通

みなとみらい21線とは、臨海新都心「みなとみらい21」地区の足として計画された鉄道（都心臨海線）である。みなとみらい21地区の建設は港北ニュータウンやベイブリッジと同じく、六大事業の一つとして企画された。横浜駅周辺と関内地区とに二極化した、横浜の都心を連結するため、船渠（ドック）や貨車操車場（ヤード）の跡地に臨海新都心を整備しようとするもので、一九八一（昭和五十六）年に「みなとみらい21」地区と名付けられた。

同線の当初の計画ルートは、横浜駅に乗り入れず、東神奈川駅からみなとみらい21地区を貫通し、元町方面へ至るものだった。東神奈川駅では国鉄横浜線との相互直通が予定されていた。東神奈川駅はそれに備えて、一九八五（昭和六十）年三月、ホームと線路の配置が二面四線に改造されている。しかし、国鉄の分割・民営化にともない、横浜線との相互直通は困難となる。新たな直通先として浮上したのは東急東横線である。同線の反町駅以南を地下化し、横浜駅の地下新ホームでみなとみらい線と直結させて、利用客の少ない横浜〜桜木町駅間を廃止することになった（一九八七年）。

東急の桜木町駅の廃止に反対する、野毛町などの地元商店街の関係者との交渉を経て、みなとみらい線の事業主体となる横浜高速鉄道株式会社が一九八九（平成元）年三月、設立される。横浜高速鉄道は横浜市や神奈川県、東京急行電鉄などが出資する第三セクターである。建設工事は現在の鉄道建設・運輸施設整備支援機構（二〇〇三年まで日本鉄道建設公団）が担当し、一九九二（平成四）年に着手された。

そして、十年以上におよぶ工事の結果、二〇〇四（平成十六）年二月、横浜高速鉄道みなとみらい線（横浜〜元町・中華街駅）が開通する。新設された途中駅は新高島、みなとみらい、馬車道、日本大通り（県庁・大さん橋）、元町・中華街（山下公園）の五駅で、駅名は一部に副名称が加えられた。仮称は順に「高島」「みなとみらい中央」「北仲」「県庁前」「元町」で、検討段階では馬車道駅に「新桜木町」、日本大通り駅に「南関内」、元町・中華街駅に「山下町」などの候補もあった。

横浜高速鉄道は第一種鉄道事業者だが、みなとみらい線を走る列車の運転業務は東京急行電鉄に委託し、東急の職員が乗務する。それに関連してか、みなとみらい線は私鉄路線の一つとみなされるのが一般的であり、「地下鉄」とは呼ばれていない。しかし、公営の地下鉄と同じく大都市の中心市街地の地下を走り、その開通は実質的に横浜の「第二の地下鉄」の誕生だった。

【コラム】横浜の特殊な交通機関

広義の「鉄道」を意味する軌道系の交通機関には、普通の鉄道（いわゆる電車・汽車）や新幹線、路面電車など以外に、特殊なものも存在している。このコラムでは、横浜市内でかつて運行された、あるいは現在、運行されている少し特殊な交通機関をいくつか紹介してみたい。

一つ目はトロリーバスである。トロリーバスとは、架線から集電して道路上を走る乗り物である。ゴム製タイヤを装備し、一見はバス（乗合自動車）に近く、今日の電気自動車の先がけのようにも見えるが、正しくは無軌条電車とも呼ばれる、いわばレールのない路面電車である。

横浜市では交通局の運営する市営トロリーバスが一九五九（昭和三十四）年七月、横浜駅西口を起点に、国道一号を経由して三ツ沢西町（神奈川区）までと、国道十六号を通って保土ケ谷区を走り、常盤園前までの区間が開通した。そして、同年十二月に三ツ沢西町～常盤園前が結ばれ、循環運転を開始した。トロリーバスは、レールの敷設が不要である分だけ、路面電車よりも建設費が安く、また、バスよりも大きな輸送力を発揮した。市電の路線網から外れた、これら丘陵に広がる住宅地の交通需要を満たし、黒字の収支を維持したが、一九七二（昭和四十七）年三月、変電所の設備の事情から市電とともに廃止された。

二つ目はモノレールである。一九六四（昭和三十九）年八月、戸塚区俣野町に遊園地の横浜ドリームランドが開園すると、その輸送機関として一九六六（昭和四十一）年五月に、大船駅からドリームランドモノレール（ドリーム交通）が開通した。しかし、技術上のトラブルから翌年九月に運行を休止する。ドリームランドの敷地を一部売却して、一九七一（昭和四十六）年には神奈川県と横浜市の住宅供給公社によってドリームハイツと称する団地が建設された。その住民の交通手段としても、ドリームランドモノレールがあてにされたが、結局、運行が再開されることはなかった。横浜ドリームランドは二〇〇二（平成十四）年まで営業し閉園した。

三つ目は新交通システムである。新交通システムは、特にＡＧＴ（Automated Guideway Transit ＝案内軌条式鉄道）と呼ばれる、案内軌条（ガイドウェイ）に従って自動運転で走行する乗り物を指している。専用の道床を運転士のいないゴム製タイヤの列車が走る。モノレールと同様に、電車とバスの間の中規模の輸送を担う交通機関として位置づけられている。

横浜市内では、一九八九（平成元）年七月、新杉田〜金沢八景駅間に金沢シーサイドラインが開通し、現在に至る。いわゆる「横浜市六大事業」として造成された富岡・金沢地先の埋立地（金沢シーサイド）を走っている。運営は第三セクターの株式会社横浜シーサイドライン（旧・横浜新都市交通株式会社）である。なお、終点の金沢八景駅は、京浜急行電鉄の金沢八景駅から離れた位置にあったが、二〇一九（平成三十一）年三月にシーサイドラインが延伸され、両社の駅が直結した。

ところで、一九八九年三月から十月まで、造成中のみなとみらい21地区で開催された横浜博覧会（YES'89）では、会場内の移動手段として磁気浮上式のリニアモーターカー（ＨＳＳＴ）の営業運転が、日本で初めて実施された。また、廃止直後の臨港貨物線の残された線路を利用して、会場入口に設けられた日本丸駅と、氷川丸の近くに置かれた山下公園駅との間で、臨時列車（気動車）が運転された。その後、貨物線は遊歩道の汽車道と、山下臨港線プロムナードとして整備され、前者の上空には二〇二一（令和三）年四月、「ヨコハマエアキャビン」と称するロープウェイが開業している。

終章　伸びるネットワークと「サグラダ・ファミリア」と呼ばれる駅

■首都圏の新たな鉄道ネットワーク

一九七〇年代後半から八〇年代前半、機関車にヘッドマークを取り付けて本州と九州を走る寝台特急列車が、「ブルートレイン」と呼ばれて人気を博した。横浜駅には、「あさかぜ」「富士」「さくら」「はやぶさ」など、東京駅から九州方面へ向けて出発した特急列車が全て最初に停車した。しかし、JR化後は夜行や長距離の列車が削減され、東海道本線も完全に首都圏の通勤路線に変わっていく。

国鉄末期の一九八四（昭和五十九）年、上野～大宮駅間で回送される特急車両を活用して、座席定員制の通勤列車「ホームライナー」が営業を開始した。東海道本線・横須賀線では、他方面と異なり、昭和前期より通勤時間帯も普通列車にグリーン車（旧・二等車）が連結されていたが、一九八六（昭和六十一）年十一月、東海道本線の東京～小田原駅間にも同様の列車が登場し、「湘南ライナー」と名付けられた。「湘南ライナー」は、ブルートレインを始め全ての定期旅客列車が停車する横浜駅を史上初めて通過し、もしくは貨物線を経由して、品川～大船駅間を無停車で走る。

その後、一九九二(平成四)年四月には京急電鉄も通勤時間帯に、座席指定制の通勤列車「京急ウィング」号の運転を開始した。やはり品川～上大岡駅間が無停車であり、大ターミナルの横浜駅を通過する。高度成長期に比べて混雑の緩和が進み、旧習にとらわれない列車の設定が可能となり、その後も次々と新しい鉄道ネットワークが首都圏に生まれていく。

二〇〇一(平成十三)年十二月に湘南新宿ライン(大宮～池袋～新宿～大崎～横浜駅)、二〇一五(平成二十七)年三月に上野東京ライン(上野～東京駅)が開業したことで、JR東日本は東京の都心・副都心を貫通して神奈川県と埼玉県、さらに栃木・群馬県とを直結する中距離電車の運転を開始した。

一方、私鉄では、まず京急電鉄が空港アクセスの強化をはかり、一九九八(平成十)年十一月に空港線を羽田空港の地下まで延伸して羽田空港駅(現在の羽田空港第一・第二ターミナル駅)を開業。しばらくは東京方面からのアクセスが重視されたが、二〇一〇(平成二十二)年五月、羽田空港駅から横浜駅を経て新逗子駅(二〇二〇年に逗子・葉山駅に改称)まで直通する「エアポート急行」を登場させ、頻発運転を開始した。途中、仲木戸駅(同じく京急東神奈川駅に改称)に停車させ、横浜線からの乗り換えの便を図ることなども行い、神奈川県から羽田空港へのアクセスを向上させた。

次に、最も大きな変容を遂げたのは東急電鉄であろう。二〇〇一（平成十三）年三月、JRの湘南新宿ラインに対抗して、東横線に初めて特急電車を設定し、渋谷駅と横浜駅の速達をはかった。また、二〇〇〇（平成十二）年八月、目蒲線の目黒〜田園調布駅間を「目黒線」として分離し、複々線化された田園調布〜武蔵小杉駅間に目黒線の電車が乗り入れるようになった。九月には目黒線と東京メトロ南北線・東京都営地下鉄三田線との直通運転が開始され、二〇〇八（平成二十）年六月、目黒線の電車の始発・終着が日吉駅まで延伸された。

さらに二〇一三（平成二十五）年三月、東横線の渋谷駅が地下に移され、東京メトロ副都心線との直通運転を開始する。これによって東武東上線、西武池袋線への乗り入れも開始され、みなとみらい線の元町・中華街駅から、渋谷・新宿・池袋の副都心を経て、埼玉県の川越市や所沢市までが一本の路線でつながることになった。

■令和から未来へ

そして近年、相模鉄道が初めて東京都内に電車を走らせた。新規に開通させた線路は西谷〜羽沢横浜国大〜新横浜駅間（相鉄新横浜線）だけだが、まず、二〇一九（令和元）年十一月、横浜羽沢貨物駅に隣接して設けた羽沢横浜国大駅を介して、相鉄・JR直通線（海老名〜西谷〜羽沢横浜国大〜武蔵小杉〜大崎〜新宿駅。一部、埼京線直通）の運転を開始。JR線内は貨物線を活用し、羽沢横浜国大駅から武蔵小杉駅まで16・6㎞、十七分間にわたって駅に停車することができない。途中、鶴見駅に停車できると最善だが、貨物線のジャンクションの鶴見駅には、京浜東北線以外に旅客ホームがなく、構内を通過せざるをえない。

そして、二〇二三（令和五）年三月、日吉駅から延伸された東急新横浜線と新横浜駅にて連結し、相鉄と東急（目黒線・東横線）、都営地下鉄（三田線）、東京メトロ（副都心線・南北線）、東武鉄道（東上線）、埼玉高速鉄道との相互直通運転を開始した。これは二〇〇〇（平成十二）年の運輸政策審議会の答申で、「神奈川東部方面線」という名称で示された路線がもとになっている。相鉄の海老名駅および湘南台駅から、横浜駅を介さずに新横浜駅を経由し、東京の都心・副都心や城北地区（板橋区等）、埼玉県南部へ直行することが可能になった。

さらに将来、横浜周辺で整備が検討され、開通が期待される鉄道路線として、市営地下鉄ブルーラインのあざみ野駅から新百合ヶ丘駅への延伸、高島貨物線を含む東海道貨物支線（品川～浜川崎～桜木町駅）の旅客化、そして、横浜環状鉄道（元町・中華街～根岸～上大岡～東戸塚～二俣川～中山駅、日吉～鶴見駅）の三つが上げられる。特に規模が大きいのは三つ目で、開通済みの横浜高速鉄道みなとみらい線や（軌間は異なるが）市営地下鉄グリーンラインと連絡し、一九四九（昭和二十四）年の「横浜市建設計画」に描かれたような、大きな環状鉄道が横浜市域の外縁に形成されることになる。

なお、これらはいずれも都市圏のレベルでの計画である。国土レベルの輸送においては、東海道新幹線に代わるリニア中央新幹線の建設が上げられる。それは磁気浮上式の超電導リニアモーターカーによる超高速鉄道である。その神奈川県における ターミナルは、横浜線の橋本駅（相模原市）付近に設置されることになるが、これを新横浜駅に続く五代目の横浜駅の誕生とみなすこともできるだろう。

■日本の「サグラダ・ファミリア」

横浜駅については、平成・令和の時代になり、横浜駅を通過したり、経由しない路線や列車が多く見られるようになった。だが、その存在の大きさは変わっていない。横浜駅に集まる鉄道事業者の数は、みなとみらい線の開通（二〇〇四年）によって、ＪＲ東日本、東急電鉄、京急電鉄、相模鉄道、横浜市交通局、横浜高速鉄道の六つを数え、新宿駅を抑えて日本最多である。この六社局を合計した横浜駅の一日あたりの乗客数（降客は除く）は、今世紀を通じておよそ一一〇万人である。これは同様に算出した新宿駅、渋谷駅、池袋駅、大阪（梅田）駅のそれに次ぐ数字であり、つまり、横浜駅は日本で五番目の巨大ターミナルである。

みなとみらい線の開通とともに、直通する東急東横線のホームは、同線の旧ホームとＪＲ横須賀線ホームの地下に設けられた。同時に東口・西口を結ぶ自由通路が、既存の中央部の北側と南側にも設けられることになった。これは東急電鉄、横浜高速鉄道、ＪＲ東日本、さらに横浜市が関わる大工事で、一九九〇年代前半から二十一世紀にかけて続けられた。

そして、みなとみらい線の開通後も、東横線の高架旧ホームの撤去や、横須賀線ホームの拡幅（二〇一〇年）が行われ、一方で京急電鉄のホームの増設も行われた（二〇〇六年）。それらが完了するや否や、横浜市の主導する横浜駅周辺大改造計画「エキサイトよこはま22」が二〇〇九（平成二十一）年に策定された。横浜駅の西口・東口の周辺から平沼地区やポートサイド地区にかけての一帯で、みなとみらい21地区も視野に入れながら、再開発事業を行おうとするプロジェクトである。

その中の主要な事業として、二〇一一（平成二十三）年には、「横浜ＣＩＡＬ」となっていた西口のステーションビルの建て替えが始まる。二〇二〇（令和二）年六月、駅ビルは「ＪＲ横浜タワー」としてリニューアルされ、また、駅構内の中央自由通路と西口地下街との間を遮断していた、「馬の背」と揶揄される構造物が整理され、歩行者の階段のない通行が可能になった。

このように一九九〇年代より常に工事が続けられている様子からか、二〇一〇年代にはマスコミなどが横浜駅を、「日本のサグラダ・ファミリア」として盛んに取り上げるようになった。サグラダ・ファミリアとは、十九世紀より工事が続くスペインの教会で、二〇〇五年にユネスコ（国連教育科学文化機関）により登録された世界遺産である。

また、そんな拡張し続ける横浜駅を増殖する巨大な生物になぞらえて、SF小説の『横浜駅SF』（二〇一五年）がインターネット上に発表されるなどもした。

長らく工事が続く状況は、渋谷駅や大阪（梅田）駅でも同じはずだが、横浜駅が特に注目をされるのは、明治・大正時代に場所が定まらず移転を重ねた歴史や、戦後に駅前が繁華街としてあまりに急速な発展をとげた記憶が背景にあるからだろうか。ともあれ、昨年の二〇二二（令和四）年、横浜を発祥の地とする日本の鉄道は、創業から一五〇年を迎えた。横浜駅を中心に横浜の鉄道は、これからの五十年、百年もさらに進化を続けていくだろう。

【横浜の鉄道年表】

一八七二年十月（明治五年九月）
新橋～横浜駅間に官設鉄道開通
一八八九（明治二十二）年七月
東海道本線（新橋～神戸駅）全通　＊一八八七（明治二十）年七月に横浜～国府津駅間開通
一八九八（明治三十一）年八月
東海道本線の神奈川～程ヶ谷（現・保土ケ谷）駅間のルート変更　＊一九〇一（明治三十四）年十月に平沼駅開設
一九〇四（明治三十七）年七月
神奈川駅前～大江橋（横浜駅前、桜木町）間に横浜電気鉄道開通　＊翌年七月に大江橋～西の橋（元町）間開通
一九〇五（明治三十八）年十二月
品川（現・北品川）～神奈川駅間に京浜電気鉄道全通
一九〇八（明治四十一）年九月
横浜鉄道（東神奈川～八王子駅）開通　＊一九一七（大正六）年十月に国有化（横浜線）
一九一一（明治四十四）年
横浜～横浜港駅（当時は横浜港荷扱所）間（税関線）、東神奈川～海神奈川駅間に貨物線開通
一九一五（大正四）年八月
高島町に横浜駅新設（二代目）、初代横浜駅を桜木町駅（旅客）と東横浜駅（貨物）に分割・改称。平沼駅廃止　＊同年十二月に東京～横浜～桜木町駅間で京浜線（現・京浜東北線）電車の運転開始
一九一七（大正六）年六月

一九二〇（大正九）年七月
鶴見～高島～程ケ谷駅間（高島線）が全通し、横浜臨港貨物線完成
一九二一（大正十）年四月
東京～横浜港駅間でボートトレイン（汽船連絡列車）の運転開始
一九二三（大正十二）年九月
横浜電気鉄道の市営化（横浜市電）
一九二五（大正十四）年
関東大震災
一九二五（大正十四）年十二月
海岸電気軌道（総持寺～大師）開通
一九二六（大正十五）年二月
東京～国府津駅間、大船～横須賀駅間で電気機関車の運転開始
一九二六（大正十五）年三月
丸子多摩川（現・多摩川）～神奈川駅間に東京横浜電鉄開通　＊翌年八月に渋谷～神奈川駅間全通
一九二六（大正十五）年五月
浜川崎～弁天橋駅間に鶴見臨港鉄道開通　＊一九三〇（昭和五）年十月に弁天橋～鶴見（仮）駅間が開通し、全線で電車による旅客営業開始
一九二七（昭和二）年三月
二俣川～厚木駅間に神中鉄道開通　＊一九二九（昭和四）年二月に西横浜～厚木駅間全通
一九二八（昭和三）年十月
川崎～登戸駅間に南武鉄道開通　＊翌々年十二月に川崎～立川駅間全通
横浜駅移設（三代目）、神奈川駅廃止　＊同年五月に神奈川～横浜～本横浜（後の高島町）駅間に東京横浜電鉄開通　＊一九三〇（昭和五）年一月に京浜（東北）線、二月に京浜電気鉄道が構内乗入れ

一九二八（昭和三）年十一月
横浜市営バス開業
一九二九（昭和四）年八月
品鶴貨物線（品川〜新鶴見〜鶴見駅）開通、新鶴見操車場開業
一九三〇（昭和五）年三月
東京〜横浜〜横須賀駅間で横須賀線電車の運転開始
一九三〇（昭和五）年四月
黄金町〜浦賀駅間、金沢八景〜湘南逗子（後の新逗子）駅間に湘南電気鉄道開通　＊一九三三（昭和八）年四月に品川〜浦賀駅間で京浜・湘南電鉄の直通運転開始
一九三二（昭和七）年三月
東京横浜電鉄（渋谷〜横浜〜桜木町駅）全通
一九三二（昭和七）年十月
桜木町〜横浜〜原町田（現・町田）駅間で横浜線電車の運転開始
一九三三（昭和八）年十二月
神中鉄道（横浜〜厚木駅）全通
一九四二（昭和十七）年五月
東京横浜電鉄、京浜電気鉄道などが戦時統合し東京急行電鉄発足　＊前年十一月に湘南電気鉄道が京浜電気鉄道に統合
一九四三（昭和十八）年四月
神中鉄道が相模鉄道に統合　＊翌年六月に相模鉄道の茅ヶ崎〜橋本駅間等の国有化（相模線）
一九四三（昭和十八）年七月
鶴見臨港鉄道の国有化（鶴見線）
一九四四（昭和十九）年四月

南武鉄道の国有化（南武線）
一九四五（昭和二十）年五月
横浜大空襲
一九四五（昭和二十）年十月
横浜駅等に連合国軍（ＧＨＱ）のＲＴＯ（鉄道輸送事務所）設置
一九四八（昭和二十三）年六月
新制の東京急行電鉄、京浜急行電鉄が発足　＊前年六月に相模鉄道発足
一九四九（昭和二十四）年六月
日本国有鉄道発足
一九五〇（昭和二十五）年三月
東海道本線の東京〜横浜〜沼津駅間で湘南電車の運転開始
一九五一（昭和二十六）年四月
桜木町事故
一九五六（昭和三十一）年四月
横浜駅西口に横浜駅名品街（横浜センター）開業
一九五八（昭和三十三）年十一月
東海道本線（東京〜神戸駅）で電車特急「こだま」号の運転開始
一九五九（昭和三十四）年七月
横浜駅西口から三ツ沢、常盤園方面へ横浜市営トロリーバス（無軌条電車）開通
一九五九（昭和三十四）年十月
横浜髙島屋（相鉄会館）開業
一九六二（昭和三十七）年十一月
横浜駅西口にステーションビル開業

一九六四（昭和三十九）年五月
桜木町～磯子駅間に根岸線開通　＊一九七三（昭和四十八）年四月に横浜～大船駅間全通
一九六四（昭和三十九）年十月
東海道新幹線（東京～新大阪駅）開通、新横浜駅開業
一九六六（昭和四十一）年四月
溝の口～長津田駅間に東急田園都市線開通
一九七二（昭和四十七）年三月
横浜市電、市営トロリーバスが全廃
一九七二（昭和四十七）年十二月
上大岡～伊勢佐木長者町駅間に横浜市営地下鉄開通　＊一九七六（昭和五十一）年九月に上永谷～横浜駅間全通
一九七六（昭和五十一）年四月
二俣川～いずみ野駅間に相鉄いずみ野線開通　＊一九九九（平成十一）年三月に二俣川～湘南台駅間全通
一九七九（昭和五十四）年八月
東急新玉川線・田園都市線が営団地下鉄と直通運転開始
一九八〇（昭和五十五）年十月
東海道本線の東京～大船駅間で横須賀線電車の線路分離
一九八〇（昭和五十五）年十一月
横浜駅東口に駅ビル「ルミネ」開業
一九八五（昭和六十）年三月
横浜～新横浜駅間に横浜市営地下鉄開通　＊一九九三（平成五）年三月に新横浜～あざみ野駅間開通
一九八七（昭和六十二）年四月
国鉄の分割民営化。ＪＲ東日本・東海・貨物など発足

一九八九（平成元）年七月
金沢シーサイドライン（新杉田～金沢八景駅）開通
一九九九（平成十一）年八月
湘南台～あざみ野駅間に横浜市営地下鉄全通（現ブルーライン）
二〇〇一（平成十三）年十二月
大宮～新宿～横浜駅間でJR湘南新宿ラインの運転開始
二〇〇四（平成十六）年二月
横浜高速鉄道みなとみらい線（横浜～元町・中華街駅）開通　＊東急東横線と直通運転。同線の横浜～桜木町駅間廃止
二〇〇八（平成二十）年三月
中山～日吉駅間に横浜市営地下鉄グリーンライン開通
二〇一三（平成二十五）年三月
東急東横線・横浜高速鉄道みなとみらい線が東京メトロ・東武鉄道・西武鉄道と直通運転開始
二〇一九（令和元）年十一月
新宿～武蔵小杉～西谷～海老名駅間でJR・相鉄直通線運転開始
二〇二〇（令和二）年六月
横浜駅西口にJR横浜タワー開業
二〇二三（令和五）年三月
東急・相鉄新横浜線（日吉～新横浜～西谷駅）全通

【主な参考文献】（＊企業史、自治体史、事典、新聞雑誌等および自著は割愛）

・『汐留・品川・桜木町駅百年史』東京南鉄道管理局（一九七三年）
・大久保邦彦・三宅俊彦編『鉄道運輸年表』日本交通公社（一九七七年）
・『横浜駅物語』神奈川新聞社（一九八二年）
・三島富士夫・宮田道一『鉄道と街・横浜駅』大正出版（一九八五年）
・野田正穂・原田勝正・青木栄一・老川慶喜編『日本の鉄道』および『神奈川の鉄道』日本経済評論社（一九八六年、一九九六年）
・『資料集 横浜鉄道』横浜開港資料館（一九九四年）
・『神奈川県の鉄道関係新聞記事抄録』佐藤進一（二〇〇〇年）
・小風秀雅「根岸線着工経緯」『市史研究よこはま』13号（二〇〇一年）
・西川武臣『横浜開港と交通の近代化』日本経済評論社（二〇〇四年）
・長谷川弘和『横浜の鉄道物語』ＪＴＢパブリッシング（二〇〇四年）
・青木祐介「第二代横浜駅舎の遺構と出土遺物」『横浜都市発展記念館紀要』1号（二〇〇五年）
・交通博物館編『図説 駅の歴史』河出書房新社（二〇〇六年）
・『品川鉄道事始』品川区立品川歴史館（二〇一二年）
・今尾恵介『地図と鉄道省文書で読む私鉄の歩み（シリーズ）』白水社（二〇一四年〜）
・宮田憲誠『京急電鉄』ＪＴＢパブリッシング（二〇一五年）
・『横浜鉄道クロニクル』横浜都市発展記念館（二〇二二年）

横浜 鉄道と都市の150年

二〇二三年（令和五） 八月十日 初版第一刷発行

著者 岡田 直

発行者――松信 健太郎
発行所――株式会社 有隣堂
本 社 横浜市中区伊勢佐木町一―四―一 郵便番号二三一―八六二三
出版部 横浜市戸塚区品濃町八八一―一六 郵便番号二四四―八五八五
電話〇四五―八二五―五五六三
印刷――株式会社堀内印刷所

ISBN978-4-89660-242-5 C0221

デザイン原案＝村上善男

有隣新書刊行のことば

国土がせまく人口の多いわが国においては、近来、交通、情報伝達手段がめざましく発達したためもあって、地方の人々の中央志向の傾向がますます強まっている。その結果、特色ある地方文化は、急速に浸蝕され、文化の均質化がいちじるしく進みつつある。その及ぶところ、生活意識、生活様式のみにとどまらず、政治、経済、社会、文化などのすべての分野で中央集権化が進み、生活の基盤であるはずの地域社会における連帯感が日に日に薄れ、孤独感が深まって行く。われわれは、このような状況のもとでこそ、社会の基礎的単位であるコミュニティの果たすべき役割を再認識するとともに、豊かで多様性に富む地方文化の維持発展に努めたいと思う。

古来の相模、武蔵の地を占める神奈川県は、中世にあっては、鎌倉が幕府政治の中心地となり、近代においては、横浜が開港場として西洋文化の窓口となるなど、日本史の流れの中でかずかずのスポットライトを浴びた。

有隣新書は、これらの個々の歴史的事象や、人間と自然とのかかわり合い、ときには、現代の地域社会が直面しつつある諸問題をとりあげながらも、広く全国的視野、普遍的観点から、時流におもねることなく地道に考え直し、人知の新しい地平線を望もうとする読者に日々の糧を贈ることを目的として企画された。

古人も言った、「徳は孤ならず必ず隣有り」と。有隣堂の社名は、この聖賢の言葉に由来する。われわれは、著者と読者の間に新しい知的チャンネルの生まれることを信じて、この辞句を冠した新書を刊行する。

一九七六年七月十日　　有　隣　堂